Du même auteur, aux éditions Leduc.s

Au secours ! elle veut des fraises..., 2006.

Ce livre est la réédition de l'ouvrage
Au secours, je suis maman ! paru en 2008.

Ouvrage dirigé par Patricia Delahaie

Achevé d'imprimer en Espagne par Novoprint
Dépôt légal : avril 2016

17, rue du regard
75006 Paris – France
ISBN : 979-10-285-0195-2
ISSN : 2427-7150

GAËLLE RENARD

J'étais une mère parfaite avant d'avoir des enfants

Illustrations : Valérie Lancaster

POCHE
LEDUC.S

À Clémence et Anny, qui m'ont montré le chemin.

Remerciements :

Merci à vous, mes amours, du haut de votre petit nuage prénatal, de m'avoir choisie comme maman.

Et merci à toi, Patricia, de m'avoir choisie comme auteur.
Pardon, comme écrivain.
Pardon, comme grand écrivain.
Bon d'accord, comme pluveteuse…

AVERTISSEMENT

Ce livre s'adresse à toutes les jeunes mères se sentant incomprises.
Ce livre s'adresse à tous ceux qui ne comprennent pas les jeunes mères.
…
Pour vous dire si ce livre devrait se vendre !

Sommaire

Prologue

Il était une fois… une jeune femme.
Nullipare, la jeune femme…
La jambe fine, la jarretelle froufroutante, elle était gaie, insouciante,
amoureuse avec son mari,
respectueuse avec sa mère,
attentionnée avec sa belle-mère (sa belle-mère ? Une amie !)

Puis cette jeune femme procréa.

Et c'en fut fini té la rigolate…

Comme dirait la célèbre philosophe Conchita Lao Tseu :

« Y'a pas, hein, un enfant, ça vous change une femme. »

Est-ce une question d'hormones ? De montée de lait ? D'abus soudain de dessins animés ? Y aurait-il des dérivés d'amphétamines dans les crèmes anticellulite ?

Toujours est-il qu'une fois qu'elle a enfanté, qu'elle a mis bas, qu'elle a vêlé (toi aussi trouve des expressions poétiques), l'arrondisseuse d'angles devient carrée ; la carrée devient coupante ; la coupante devient incisive ; l'incisive devient sulfateuse, la sulfateuse… (on n'a pas que ça à faire, non plus !).

Et la voilà qui se transforme en furie de la maternité, en pitbull maniaco-dépressif, en bouffeuse de belle-doche (aussi appelée brute de bru), en régleuse de comptes familiaux, en mémère avachie (ou se considérant comme telle), en porteuse de culottes en coton-vu-qu'elle-possède-la-carte-Petit-Bateau-et-que-ce-serait-vraiment-trop-bête-de-ne-pas-profiter-des-réducs.

Tout la gonfle.

Elle déteste les fumeurs, les pollueurs, les casseurs d'oreilles.

Plus le droit de rire sous ses fenêtres.

Plus le droit de goudronner dans sa rue.

Sous prétexte que quoi ? Que ça peut réveiller LE BéBé !

Et la voilà qui insulte le pauvre ouvrier qui a eu l'audace de s'amuser avec son marteau-piqueur juste à l'heure de la sieste. Alors que quelques mois auparavant, entre nous, elle n'aurait pas été la dernière à s'extasier sur ses muscles ruisselants de sueur…

C'est bien simple, elle ne respire plus que par les poumons de son enfant, ce petit vampire suceur d'insouciance, ce minus hypocrite qui cache bien son jeu sous ses grands yeux candides et ses couches toutes gonflées.

Mais qu'est-ce qui lui prend, à cette petite a-do-rââââ-ble, que votre fils avait mirââââculeusement dégotée (malgré son caractère pas facile-facile, il faut bien le reconnaître) ?

Pourquoi pince-t-elle les lèvres à chaque fois que vous émettez un simple avis sur l'éducation de son enfant ? Son enfant qui est quand même, rappelons-le, avant tout, VOTRE petit-enfant !

Mais qui est donc cette femme dans votre lit ? À qui appartient cette silhouette alourdie, ce front préoccupé ? Est-ce toujours votre Betty Boop, votre Poupoupidou insatiable (que même parfois, entre nous, c'était lourd) rencontrée un beau soir au Macumba de Lons-le-Saunier ? Où peut bien se trouver son petit… tralala, tout petit… tralala ?

Mais c'est quoi cette espèce d'exaltée qui vous demande de chauffer un petit pot carottes en plein coup de feu de midi ?

« Attention, 45 secondes, pas plus, le micro-ondes… »

Et que je te laisse ces trucs, là, ces « lingettes » dégueulasses, dans la tasse à café !

Ce n'est tout de même pas la petite bombe hilare qui se pintait à la bière le jeudi soir, avec ses copines d'aquagym… Ah ! Elle avait bon dos, l'aquagym…

Vous ne la reconnaissez plus, cette (au choix) ex-amante / ex-fille / ex-cliente si charmante, cette Perrette à la jambe (voire à la cuisse) si légère ?

Eh bien ! Vous savez quoi ? Elle non plus, elle ne se reconnaît plus.

Incroyable ! Elle, qu'on surnommait la Cruella du CAC 40 se surprend à planquer un catalogue *Éveil et jeux* à l'intérieur de son *Tribune* !

Sa copine Fesses d'acier a délaissé son stepper pour une poussette trois roues, tandis que Lili la Déjantée a abandonné son « grand-projet-d'art-psycho-décadant-super-représentatif-de-la-société-de-conso-chais-pas-si-tu-comprends » pour fabriquer un mobile avec des p'tits zooozioooos…

« Y'a pas, dès que c'est plus pareil, c'est plus comme avant », pour citer Bernard-Henry Lapalisse.

La mère « nouvelle » (comme on dirait du beaujolais) a souvent un petit goût d'insondable, de susceptible, d'envahissant, de fatigué, d'aigri et de rondelet (sans ail et fines herbes).

Et pourtant, elle demeure une femme. Donc une créature qu'il faut s'efforcer de comprendre.

Mais oui !

Après tout, vous croyez que c'est agréable, sous prétexte qu'on pousse un landau, qu'on est habillée comme un sac, et qu'on n'a pas eu le temps de se maquiller, de ne plus jamais se faire appeler « Mademoiselle » ?

Avant d'enfanter et d'apprendre la définition de « vergeture », les femmes ont tendance à croire que la maternité va leur apporter assurance, sérénité, plénitude, confiance en soi...

Une sorte d'extase *new age* qu'on pourrait appeler : « la Maternitude ».

Quel n'est pas leur étonnement de constater qu'en réalité, et dans la vraie vie, elles gardent les mêmes doutes qu'auparavant. Auxquels s'ajoutent deux ou trois petites angoisses, à savoir (mais ce ne sont que des exemples) :

Suis-je une bonne mère ? Est-il un bon père ? Me reste-t-il assez de couches ?

Certes, et comme l'affirmait le réalisateur Bertrand Martineau[1] : Le bébé est une personne.

Mais la maman aussi ! Une personne qui pense, qui rit, qui doute et qui a peur parfois...

Ah, on rigole moins, pas vrai ?

Je me suis proposé, dans ce livre, de vous aider à mieux cerner cette extraterrestre qu'est La Mère (The Mother, pour

1. Celui-là, il existe !

les anglophones). Et vous savez quoi ? Les pages qui (ne) vont (pas tarder à) suivre sont la somme de confidences chuchotées au-dessus d'un café, et de révélations hilares échangées lors de re-vivifiants « déj' de filles » (pardon, de femmes).

Certains ne pourront s'empêcher d'imaginer que j'y ai inséré, de-ci de-là, cahin-caha, va trottine, va chemine, va petit âne, va de-ci de-là cahin-caha (pardon)… quelques expériences personnelles.

À ceux-là, je répondrai (parce qu'on ne m'a pas comme ça) : billevesées ! Je n'ai pour ma part aucun, mais alors aucun état d'âme maternel…

Les propos qui vont suivre, donc, sont inspirés de confidences, de petits secrets de mères. Autant de polaroïds chipés à la vie telle qu'elle est… Les polas étant des photos sur lesquelles on ne peut pas tricher.

Pourquoi ?

Parce que comme dirait ma grand-mère Clémence Lao Tseu : « Ça va mieux en l'disant ! »

Qui sait ? Suite à ce livre, les réunions familiales, les rapports de couples (les relations humaines en un mot) seront-ils simplifiés…

Je n'aurai plus alors qu'à m'attaquer à la paix dans le monde à une plus grande échelle…

Première partie

HOMMES-HORMONES : À DEUX LETTRES PRÈS, ON SE COMPRENAIT...

On le sait maintenant : les hommes aiment les Mars, les femmes préfèrent les Nuts.

Nous sommes radicalement, irrémédiablement et désespérément dif-fé-rents.

Jusqu'à présent, cela ne posait pas vraiment de problèmes. On peut même dire que, physiologiquement parlant, il y avait des moments où ça nous arrangeait, **ha ha** (rire gras).

Certes, Ève se sentait un peu agacée de voir Adam peiner à comprendre qu'on ne faisait pas de shopping les mains dans les poches, et le regard rivé à terre.

Re-certes, Adam était exaspéré de voir son Ève se tordre le cou pour essayer de comprendre sur un plan de ville ce que M. Decaux avait bien voulu dire par l'indication « Vous êtes ici. »

Mais dans l'ensemble, et dans la mesure où Adam n'avait rien à chercher dans le placard, et Ève rien à trouver sur une carte, ils se comprenaient.

Puis le serpent vint tout gâcher. Le serpent, vous l'aurez deviné, n'étant ici qu'une litote paronymique[1] pour remplacer le mot « enfant ». Et toc !

---

1. **Litote paronymique** : figure de style destinée à atténuer, par un mot offrant une ressemblance de forme ou de prononciation (enfant-serpent, phonétiquement parlant c'est kif-kif bourricot), un mot jugé symboliquement trop lourd, trop angoissant.

Le biblique vous ennuie, vous préférez le contemporain ? Voici une belle histoire, une romance d'aujour-d'hui, qui vous parlera peut-être davantage.

Cela dit, vous avez tort, le biblique, c'est indémodable, alors que le contemporain, honnêtement, on s'en lasse. Enfin, bon !

L'histoire se déroule donc de nos jours (vous êtes content ?).

Les héros : un couple lambda (voire bêta, diront les mauvais esprits). Lui s'appelle Chéri, elle s'appelle Chaton.

Ils s'aiment.

Extérieur jour.

Elle porte une robe blanche meringuée, il est engoncé dans un costume-cravate-lui-qui-n'en-porte-jamais. C'est l'heure magique (et-tant-attendue-parce-qu'on-va-bientôt-pouvoir-s'en-aller-sans-vexer-les-mariés) de la… pièce montée.

Nos deux beaux endimanchés entonnent au karaoké un très vibrant et légèrement aviné « J'ai encore rêvé d'elle. » Tous les invités ont les larmes aux yeux ! Tristan et Yseult ? Roméo et Juliette ? Peter et Sloanne ? Des rigolos, à côté de Chéri et Chaton…

Intérieur jour.

Nos deux tourtereaux vivent dans un magnifique château de 70 m^2, digicode et grande cave, premier étage gauche en sortant de l'ascenseur, à deux pas du métro ET du Monoprix.

Comme dans les contes de fées (enfin, surtout à la fin), ils sont vachement heureux.

C'est humain, certaines personnes ne peuvent réprimer un frisson lorsqu'elles entendent le mot « enfant ».

Et là…

Ils décident d'avoir beaucoup d'enfants.

Intérieur mais d'un autre jour. Nous sommes dans un cabinet médical.

Voix off :

Un enfant, ça ne se fait pas comme ça, en deux temps trois mouvements. Enfin, si, mais bon.

Il faut quand même que la petite graine du monsieur rencontre la grosse gamète de la dame, qu'ils se plaisent (et les critères de beauté dans le milieu de la semence, je vais vous dire, c'est pas du gâteau !), que la relation tienne, etc., etc.

Pour autant, Chaton se met à s'inquiéter. Ne voilà-t-y pas deux mois maintenant qu'ils « essayent » ?

Extrêmement inquiète (gros plan sur les pieds tout crispés dans les étriers), Chaton se renseigne auprès de son gynéco sur la procréation assistée, le don de sperme, les ovocytes de compet', et les antidépresseurs compatibles avec le désir d'enfant.

Et là... (tatata !) le médecin émerge d'entre ses jambes et déclare (attention dialogue digne de Jeanson ou Prévert) :

« Mais madame, au vu de votre utérus tout mou, il se pourrait que vous attendiez déjà un bébé. »

Ce que c'est que la science, tout de même…

Intérieur Ikéa, nuit.

Nous sommes le soir. Comme c'est quand même un peu la fête, Chaton a fait des raviolis. Extasiée, elle entreprend d'expliquer à Chéri le coup de la matrice ramollo.

Et là... (tatata !) Chéri s'évanouit de bonheur ?

Non.

Il se contente de grommeler un vague (attention, dialogue digne d'Audiard) : « J'mais rin compris à ces trucs de bonnes femmes ! »

Bévue gaffe et boulette ! Désillusion ! Tombage de haut !

Angélique marquise des anges découvrant que Geoffrey de Peyrac sent les tripes à la mode de Caen !

Bon, en gros, Chéri va mettre neuf mois à rattraper son erreur romantique et à convaincre Chaton que si, il est « content », mais non pas « content et puis c'est tout », « content-content-content », « content-super-content » !

Ellipse. Plusieurs mois sont passés. L'enfant est paru.

Tout comme elle s'est aperçue qu'elle avait peut-être un petit peu fantasmé sur son homme en tant que futur père, Chaton se rend compte qu'elle l'avait aussi rêvé différent en tant que jeune père.

Et la voilà qui constate :

– qu'il ne se lève pas la nuit ;

– qu'il ne sait pas mettre une couche à l'endroit ;

– une grenouillère non plus ;

– un body n'en parlons même pas ;

– qu'il est rarement rentré à l'heure du bain ;

– qu'il n'a pas de sein pour nourrir le bébé ;

– qu'apparemment, le biberon s'apparente au sein ;

– qu'il secoue l'enfant après le biberon ;

– qu'il n'attend pas les trois rots ;

– qu'il ne stérilise pas assez longtemps ;

– qu'il ne stérilise pas toujours d'ailleurs ;

– qu'il est un peu mou du goupillon (allusion nullement sexuelle) ;

– qu'il ne pense « qu'à ça » ;

– que s'il se levait un peu plus la nuit, il penserait sans doute un peu moins « à ça ».

De son côté, Chéri constate :

– qu'elle n'est plus tout à fait comme avant.[1]

1. Ben quoi ? On a bien le droit à un peu de mauvaise foi fémin… heu, humaine.

Scène finale. Intérieur nuit.
Le lit conjugal. À côté, l'enfant dans son berceau.
Gros plan sur Chéri, il rêve…

APARTÉ

Je me propose ici d'insérer mine de rien quelques lignes afin que tu puisses, ô toi, jeune mère, glisser un ou deux griefs que tu reproches personnellement au père de ton enfant. Parce que tu le sais, je ne peux pas tout deviner…

En écrivant petit, tout devrait tenir. À toi ensuite de laisser traîner ce livre aux toilettes, lieu où ton homme a le temps de lire (lui !). Un conseil : à l'aide d'un fer à repasser (programme soie) marque bien cette page, le livre s'y ouvrira tout naturellement. Évidemment, ceci reste entre nous.

–
–
–

Il est au centre d'un immense karaoké. Le public est essentiellement féminin : sages-femmes, vendeuses de chez Prénatal, nurses excessivement sexy (après tout c'est son rêve, il a bien le droit de se faire plaisir), grands-mères, tantes, cousines… Chéri chante en compagnie de Chaton.

Lui : Je ne rêve plus d'elle
Elle : J'ai mal dormiiii !
Lui : Et les draps sont nickels
Elle : Fait pas ses nuiiiits !
Lui : Elle n'est plus vraiment belle
Elle : A fait pipiiii !
Lui : Elle n'est que maternelle

Elle : Mais s'il pouvait se réveilleeer
Pour le bébéééé
Et s'il savait comment le changeeeer

Lui : Donnez-moi l'espoir
Elle : Laissez-moi un soir

Elle et lui : Une nuit

Elle : où il se lèverait

Lui : où elle m'aimeraaait…

Ad libitum. Générique fin.

Applaudissements du public en délire. Godard s'approche avec la palme d'or.

CHAPITRE 1

Nouveau père, nouvelle perle ?

« Héritage culturel oblige, on pourrait s'imaginer que le fait d'être très attentionné envers la maman ou l'enfant, de mettre la main à la pâte pour les couches ou le bain donnent une image peu virile. C'est loin d'être le cas (...)
Nous ne sommes plus au temps des cavernes ! Mais ce qui importe le plus, c'est qu'ainsi vous plairez davantage à votre femme. L'image du papa tendre, surtout avec des tout-petits, est en effet l'une des plus sexy qui soient dans l'imaginaire féminin. »

Guide du jeune papa, *Mikael Micucci,*
Éditions (concurrentes et néanmoins amies) Marabout.

Tout comme le Beaujolais, tout comme le Riche, tout comme l'An, tout comme le Re, il existe désormais un nouveau Père.

Le Beaujolais nouveau étant souvent un mauvais vin ; le nouveau Riche, un beauf ; l'An nouveau une fête déprimante et le Renouveau une arnaque politique, vous pourriez soupçonner le nouveau Père de cacher une sorte de malfaçon.

Oui, vous pourriez…

Surtout ces jours où, trottinant derrière votre homme – petite souris cernée et encore un tantinet mal gaulée –, vous attrapez les regards chamallows de la gent féminine. Les avez-vous vues, ces fausses sœurs, ces traîtresses, baver d'attendrissement devant celui qui demeure malgré tout votre mâle ? Et lui, là, allégorie vivante de la fierté poilue, arborant sur son torse cambré, telle une dauphine de Miss France, le fruit de ses spermatozoïdes dans un sac kangourou.

Dire que, sans vous, de kangourou, il n'aurait jamais connu que le slip !

Pas étonnant que sorte alors de votre gorge ce cri primal de femelle épuisée : « Et ki c'est ki, hein ?! Ki c'est ki s'est levée quatre fois cette nuit ?! »

Certaines mauvaises langues affirment (surtout quand elles ont mal dormi) qu'il en est de la Nouvelle Paternité comme de la Business Charité : faire le bien, d'accord, mais à tout faire, il faut que ça se sache…

Entendez par là que le nouveau père serait plutôt un animal d'extérieur, qui empoignerait plus volontairement la poussette que le biberon de la nuit… Si on lui dit, en plus, que ça le rend sexy…

La poussette peut donc vite devenir pour le nouveau père ce que le cabriolet est pour le kéké : une sorte d'aspirateur à gonzesses.

Vous ne serez pas étonné(e), par conséquent, si je vous dis que l'achat de la poussette est une activité essentiellement masculine. Au mieux, elle se choisit en couple, comme la voiture. Passez quelques heures dans une boutique d'articles de puériculture, et vous me direz si j'ai tort… L'homme ne s'impliquera jamais autant dans le choix de la frise pour la chambre, par exemple. Décider si le bébé doit dormir entouré d'animaux de la ferme ou de la jungle est pourtant aussi important que de savoir s'il doit se promener sur quatre ou bien trois roues (en sachant que l'homme aura toujours un faible naturel pour la poussette trois roues).

Mauvaise foi ! me direz-vous. Comme si c'était mon genre…

Jetez plutôt un œil sur ce message relevé sur le net, dans un forum pour pères, pardon, pour nouveaux pères :

« Bonjour à tous. Nouveau sur ce forum car bientôt papa, je souhaiterais connaître votre expérience sur les poussettes complètes. J'envisage l'achat d'un modèle multifonction : la poussette avec coque que je pourrai enlever pour mettre en siège voiture mais aussi avec un landau pour mettre sur la banquette arrière. Je la voudrais facilement repliable pour le coffre, équipée si possible d'un rangement pour y déposer des choses. Je cherche à me renseigner sur les tarifs, les marques, l'encombrement, les références. Merci à vous. »

Cette annonce est réelle, je l'ai juste légèrement modifiée au cas où son auteur lâcherait l'argus de la poussette pour se plonger dans ce livre (pardon cette œuvre, je me trompe toujours). On est père, on n'en est pas moins, peut-être, procédurier…

Il serait assez facile, hors contexte, de deviner que ce texte a été écrit par un homme, ne serait-ce que par la profusion de mots issus du champ lexical de la virilité. Jugez plutôt : « multifonction », « voiture », « coffre », « tarifs », « encombrement », « références », et surtout « facilement », relèvent d'un vocabulaire exclusivement masculin…

Néanmoins, si l'auteur ne dit jamais « nous », on peut supposer qu'il s'est quand même légèrement laissé influencer par la future maman.

Pour preuve, ce terme directement issu du champ lexical féminin : « rangement ».

Remarquons aussi que les autres objets de puériculture sont résumés sous le terme de « choses ». La poussette, ça va, mais faudrait pas trop en demander ! Un chauffe-bi-quoi ?

Maintenant, amusons-nous (youpi !) à imaginer la même annonce, publiée sur un site pour jeunes mères :

« Salut les baleines (hi, hi) ! Pour mon futur bibou, je cherche une poussette élégante, pas trop lourde, pas trop difficile à plier, si possible avec un GPS, de nombreuses poches de rangement, et une double poignée pour y accrocher mon "Charlotte" de chez Gérard Darel. »

Moralité : l'arrivée d'un bébé peut nous rendre affligeants…

En ce qui concerne la conduite de la poussette. Sachez que le nouveau père ne la pousse pas, il la pilote. Ce qui est plus digne de lui.

Voilà pourquoi une poussette manœuvrée par un père ne s'appelle plus « poussette » mais « pilotette ». Nous aurons sans nul doute l'occasion d'en reparler.

Il arrive parfois au nouveau père de délaisser la pilotette pour porter son bébé dans un sac kangourou. Surtout si l'enfant fait encore moins de 5 kilos et qu'il ne faut pas aller trop loin.

Non seulement, on l'a vu, ça fait craquer les femmes, mais cela lui donne, selon certains psychologues, le sentiment d'être « enceint ». Et effectivement, au bout de quelques heures, il a mal au dos… Il ne lui reste plus qu'à imaginer les nausées, les hémorroïdes, et les jambes lourdes pour profiter pleinement des joies de la grossesse.

De très nombreux anthropologues ont constaté que, dans certaines contrées, le portage sur le ventre tendait à remplacer la poussette.

Mieux ! Chez les bobos, le pourtant célébrissime sac kangourou se verrait délaissé au profit de « l'écharpe de portage »...

Pour ceux et celles qui l'ignoreraient, l'écharpe de portage est une longue bande de tissu, le plus souvent multicolore, ramenée de voyage car « in-trou-va-ble en France »...

Au pire, l'écharpe de portage a été commandée sur le net.

Promis, pour tes deux ans, on s'inscrit au Marathon de Paris !

En tout cas, jamais on ne vous avouera qu'on l'a dénichée chez Auber ou au rayon bébé du Auchan d'Englos-les-Géants !

Pour le bobo, le portage en écharpe est plus naturel, et aussi bien plus cool, que le sac kangourou. Il permet, en outre, d'installer l'enfant dans le dos. N'est-ce pas ainsi que nos frères bonobos portent leurs bébés ?

Bobos, bonobos, même combat.

Ne partageons-nous pas (bobos et non bobos d'ailleurs) 99 % de nos gènes avec ces nobles singes ? Dire qu'à 1 % près, nos bébés étaient capables de s'agripper…

Le problème de l'écharpe de portage, c'est qu'elle est, au départ, un p'tit peu longue à installer.

Qui n'a jamais observé un nouveau père s'équipant de son écharpe porte-bébé ne sait pas ce que concentration veut dire. Heureusement, il est capable de s'entraîner chez lui durant des heures et des heures, plus motivé encore que la fois où il a voulu prendre des cours de salsa.

Évidemment, tout ceci peut être considéré comme une vision très restrictive, à la frontière de l'aigreur, du merveilleux concept de nouvelle paternité.

Voilà pourquoi, par souci d'équité (et parce qu'au fond ch'uis une bonne fille), je me suis lancée dans une sorte de micro-trottoir, ou plutôt de micro-trottoile (puisque lancé par e-mail), sur le thème :

« Et pour vous, c'est quoi, un nouveau père, hein ? »

Après montage, ça donne ceci :

– Anny, 65 ans, retraitée.

Admirative…

C'est un homme qui ne ressemble pas, mais alors pas du tout, à mon mari ! Il sait changer une couche, donner un biberon, donner le bain… Il ne découvre pas qu'il a un enfant le jour où il reçoit un catalogue de Noël avec plein de trains électriques ! C'est un garçon que ma fille, pardon que les femmes d'aujourd'hui ne savent pas suffisamment apprécier.

– Yasmina, 35 ans, journaliste.

Cultivée…

Comme dirait la journaliste Françoise Cros de Fabrique, c'est celui qui te fait remarquer que tu as oublié la turbulette ***avant*** *de partir en week-end…*

– Charlotte, 16 ans, élève de seconde.

Hormonale…

C'est un cum trop mignon qui se promène dans la rue avec un bébé trop craquant. Total kiffant.

– Sandrine, 38 ans, pharmacienne.

Amère ?

C'est un homme qui sait donner un bain, changer une couche, enfiler un body. Et comme il sait qu'il sait le faire, il estime qu'il n'a plus besoin de s'entraîner…

– Marine, 28 ans, documentaliste.

Organisée…

Un nouveau père, c'est un père qui sait qu'un body se met par-dessus la couche, et non en dessous…

– Olivier, 22 ans, serveur.

Théorique…

C'est un homme qui n'a-pas-l'air-dégoûté-de-recevoir-sur-ses-genoux-son-bébé-bien-encacaté-qui-se-lève-la-nuit-qui-prend-ses-RTT-le-mercredi-qui-fait-faire-les devoirs-sans-s'énerver-qui-accompagne-son-fils-à-la-danse-sans-essayer-de-le-convaincre-que-la-boxe-c'est-vachement-mieux.

Désolée, les filles, Olivier n'est pas libre. Il file le parfait amour avec Fabrice.

– Apolline, 13 ans, star de 5e C.

En conflit…

Le nouveau père ? Je ne sais pas. Tout ce que je sais, c'est que c'est pas mon père !

– Hélène, 25 ans, professeur des écoles.

Sévère mais juste…

C'est quelqu'un capable de s'occuper d'un enfant sans se mettre la pression, ce qui compense des mamans bien – et même parfois trop – veillantes.

– Fabien, 39 ans, designer.

À quoibonsemouilliste…

C'est « un père qui s'occupe beaucoup de ses enfants et prend part aux soins du ménage » (définition du Petit Robert*).*

– Christelle, 40 ans, secrétaire de direction.

Visionnaire…

Ce n'est pas vraiment mon mari. Ce sera peut-être mon fils si j'arrive enfin à lui faire mettre la table. Robin !!!!!

– Ariane, 35 ans, employée de banque.

CCC…

C'est un mec ouvert d'esprit, attentif aux états d'âme, aux désirs, aux besoins de ses enfants. Un gus qui participe à la vie familiale autant que sa femme et qui ne se contente pas de « lui rendre service ». Un bonhomme qui a des initiatives heureuses comme prendre rendez-vous chez le pédiatre, inscrire son fils au judo ou emmener sa fille au musée. En gros c'est ça un « nouveau père ». Mais je me demande si je ne confonds pas avec le « père idéal »…

Au fait, la traduction de CCC est : Cool-Concise-Compliquée.

– Henry, 40 ans, ostéopathe.

Félon…

Un nouveau père, c'est un homme à qui la maman laisse un peu de place. Il n'y a donc pas de « nouveau père » sans « nouvelle mère ».

Oui, alors si on va par là…

– Donald, 111 ans, psychanalyste.

PPP…

C'est un homme capable d'entrer dans la danse pendant une demi-heure (…) et de se retirer ensuite, sans tenir compte du fait que les mères doivent être de bonnes mères 24 heures sur 24, jours de semaine ou dimanche.

Au fait, la traduction de PPP est : Perspicace-Pertinent-Plus de ce monde…

Winni(cott) is not a Pooh !

Allusion hilarante à Winnie the Pooh (Winnie l'Ourson).

Donald Woods Winnicott est décédé en 1971, à l'âge de 74 ans.

Avec un nom pareil, Donald Woods Winnicott aurait pu choisir la facilité en devenant canard de dessin animé, il préféra épouser la carrière de pédiatre et psychanalyste pour enfants. Il fut un peu à la cause enfantine ce que Minnie Grégoire (la femme de Mickey, tout se rejoint) fut à la cause féminine. En effet, ses émissions radiophoniques à la BBC sauvèrent du désespoir plus d'une mère de famille (britannique, certes, mais quand même…).

S'il fallait simplifier (et on ne va pas se gêner), Winnicott, c'est « l'objet transitionnel ». C'est donc à cause de lui que nous passons des heures à chercher le doudou. Mais c'est aussi « la mère suffisamment bonne ». Et rien que pour ça, on l'aime ! Aucun traumatisme n'est irréparable. On peut donc, dans un accès d'impatience, annoncer à l'enfant : « Chéri, je ne le trouve pas, ton doudou ! Il doit être mort, voilà ! » Avec une bonne analyse, il s'en remettra. Winnicott voyait donc, sinon la vie, du moins la psychanalyse, en rose. Contrairement à sa consœur Mélanie Klein, qui la voyait en bleu.

Ce sondage a été effectué sur un panel assez restreint d'amis à moi. Et je dirais même un panel très restreint puisque je n'ai conservé sur le lot que les réponses intelligentes…

Il n'en demeure pas moins édifiant ! Que nous révèle-t-il ?

Qu'en gros, c'est mieux qu'avant, mais qu'ce n'est pas encore ça…

Il y a quelques années, le périodique *Enfants magazine* avait la même idée que moi (les copieurs !) et commandait un sondage du même acabit à l'institut de sondage Ipsos. Le panel était peut-être un peu plus important (*Enfants magazine* possédant pléthore d'amis intelligents), et les questions un tantinet plus poussées, la conclusion n'en demeurait pas moins tout à fait similaire…

Pour preuve : ces chiffres sur « ce que les hommes disent qu'ils font » et « ce que les femmes disent que les hommes font », résumés dans le tableau suivant.

On constate qu'à l'époque – mais, de bonne foi (pffff !) cela a sans nul doute évolué depuis –, il existait une légère différence entre les perceptions masculine et féminine.

La notion de nouveau père était moins évidente dans l'esprit de Maman que dans celui de Papa… Un peu comme en météorologie, on constate une « température réelle » et une « température ressentie ». De là à penser qu'il fait meilleur au pays des hommes…

Selon la même enquête, la personnalité qui représentait le mieux le nouveau père était Yannick Noah, dépassant là d'une courte tête Zinedine Zidane. Il faut dire que l'abbé Pierre, encore de ce monde à l'époque, s'était retiré du concours…

	POURCENTAGE D'HOMMES QUI ESTIMENT QU'ILS…	POURCENTAGE DE FEMMES QUI ESTIMENT QUE LES HOMMES…	SOIT UN MALENTENDU DE L'ORDRE DE
sont plus impliqués dans les tâches ménagères	90 %	81 %	9 %
se lèvent la nuit	83 %	56 %	27 %
se lèvent, mais après avoir tout tenté pour ne pas le faire	8 %	17 %	9 %
savent quitter le travail face à un imprévu	79 %	60 %	19 %
sont capables de s'occuper tout seuls de leur enfant	94 %	79 %	15 %
sont capables de s'occuper tout seuls de leur enfant, après avoir tout tenté pour ne pas le faire	5 %	10 %	5 %
seraient prêts (« Chérie, retiens-moi »…) à prendre une année sabbatique pour vivre plus intensément leur paternité	71 %	61 %	10 %

Pour autant ne concluons pas qu'il faut un corps de ha ! hummm ! ouiii ! (pardon) pour être un nouveau père. À la question « qui fait le mieux les paupiettes ? », les Français ont aussi répondu Noah et Zizou. Alors qu'on le sait, pour les paupiettes, la meilleure, c'est Paulette…

Alors ? Nouveau père y a-t-y ou nouveau père y a-t-y pas ?

Soyons honnêtes, la notion de nouveau père dépend souvent de nos variations hormonales, de notre manque de sommeil, et du nombre de top models célibataires traînant dans les parages…

Pour peu qu'on soit en début de cycle, que le bébé ait fait une bonne nuit, et que notre homme n'ait fait aucune réflexion sur les « belles-fesses-de-la-nana-de-la-couverture-du-*Elle*-qui-traîne-dans-les-toilettes », on est prête à jurer qu'il est un formidable nouveau père.

La preuve, selon une étude de l'INSEE réalisée en 2010, un papa de deux enfants passe en moyenne 1h22 avec ses enfants chaque jour. En 1999, c'était 56 minutes. La mère, elle, est passée de 2h35 à... 2h42.

Ah, ces femmes, toujours dans la surenchère !

CHAPITRE 2

Maman Lionne et Papa Morse…

Tu avais ta mère d'un côté qui considérait que même ta merde, c'était de l'or, et moi de l'autre qui disais que c'était tout simplement de la merde, comme chez tout le monde. (…) Deux parents gâteux, ça t'aurait tué. C'est grâce à moi que tu es allé de l'avant, que tu es monté plus haut.

Extrait de la pièce *Brooklyn Boy* de Donald Margulies.

Peu après avoir mis bas, et dans les huit semaines qui s'ensuivent, la Maman Lionne s'écarte du groupe, se mettant en marge de la société féline. La voici soudain à la limite de la léothropie, aux frontières de la dépression hostile. Une sauvage, cette Maman Lionne ! Une marginale ! Une beatnik à mamelles gonflées ! Plus Mère que Lionne. Et après elle se plaindra que son mari la trompe avec une de ces petites saloplionnes décolorées !

Enfin bon !

Il en est un peu de même pour la Maman Homme, si je puis m'exprimer ainsi…

Son bébé dans les bras, elle aimerait rugir à la face de tous les fâcheux, les indésirables, les « de-trop », qui osent s'approcher. C'est son fils sa bataille, elle voudrait qu'ils s'en aillent oh oh oh…

Dans la ligne de mire de son hostilité maternelle, notons : les fumeurs, les crieurs, les marteau-piqueurs, les enrhumeurs, les belles-sœurs, et aussi, il faut bien le reconnaître, les peures. Pardon, les pères.

Ça vous l'a fait à vous aussi ?

Ce garçon qui vous était plutôt sympathique au départ (n'avez-vous pas fait un enfant avec lui ?) vous apparaît soudain sous la figure peu rassurante du Papa Morse.

Pourquoi le morse ? Parce qu'il est lourd, Mamour.

En effet, le morse, très habile dès qu'il s'agit d'aller dribbler, pêcher, et faire le kéké dans les eaux requinquantes de l'Arctique, se traîne comme un Maradona à la retraite dès qu'il rejoint sa banquise. Et il n'est pas rare de le voir du haut de sa grosse tonne mollassonne écraser ses petits. Ballot qu'il est, le morse…

Certains diront qu'il ne faut pas faire de la figure paternelle morse une généralité masculine.

Certes !

Mais il y a aussi le cochon d'Inde…

Alors que sa compagne est à peine remise d'un accouchement éprouvant et sans péridurale (les cochons d'Inde étant opposés à toute forme d'anesthésie), le Papa Cochon d'Inde essaye de « remettre ça », et, oups, écrase ses petits… Pardon ! Pas fait n'exprès ![1]

1. Voilà sans doute d'où le cochon d'Inde tient son nom. Quand on est une petite chose lubrique, il ne faut pas s'attendre à une

Tout cela pour vous dire qu'il y a des précédents !

Aurions-nous regardé trop de documentaires animaliers à la télé ? Toujours est-il que demeure dans notre inconscient féminin l'idée que l'homme ne sait pas bien faire, ou en tout cas pas aussi bien faire que nous autres, les MÈRES.

Qu'est-ce qui nous différencie ? On pourrait écrire des livres entiers sur le sujet, et d'ailleurs, on le fait.

Voyons, en ce qui nous concerne, ce qui différencie le Papa de quelques jours de la Maman de quelques jours.

Tout d'abord, le Papa est moins inquiet.

Par exemple, il ne sait pas forcément qu'un enfant, ça s'enlève...

Enfin, si, il le sait, mais il ne veut pas y penser.

Alors que vous, la mère, vous vous complaisez dans cette hypothèse morbide comme une écorchée qui ne pourrait s'empêcher de se gratter les croûtes (je sais, c'est dégoûtant, mais j'aime biiiien).

Pourtant, l'homme a bien vu, comme vous, le reportage au JT, vous savez, sur les bracelets à bip qu'on pose aux nourrissons dans certaines maternités. Mais ça ne l'a pas interpellé. « Quel rapport avec nous, ma chouchou ? »

Chez l'homme, très souvent, tout va bien jusqu'à ce que tout aille mal... Alors que la jeune mère est la reine du scénario catastrophe.

On murmure que l'année de la naissance de ses enfants, Julia Roberts a écrit 90 % des grosses tragédies hollywoodiennes !

« Hollywood Fear Mum », qu'on la surnomme...

---

quelconque délicatesse linguistique. Reste à savoir pourquoi ce cochon-là est dit d'Inde. C'est vrai, cela dessert un peu son compatriote l'œillet qui, lui, se tient toujours très bien. Il pollinise en toute discrétion et sans écraser personne.

Autre détail révélateur. S'il arrive, nouveaux temps obligent, que le Papa se lève parce que le bébé pleure, il est rarissime que le Papa se lève parce que le bébé ne pleure pas.

Ce que vous faites, vous, avouez-le, assez régulièrement.

Tout comme vous êtes capable, parce que vous n'entendez plus la chair de votre chair émettre ce petit ronflement typique de chaton enrhumé, de donner, de toute la force de votre amour maternel, un violent coup de pied dans le berceau, histoire de faire grogner le sang de votre sang, et de vous rendormir rassurée…

Qu'il soit dans la chambre nuptiale ou dans l'autre aile du château, votre nourrisson vous paraîtra toujours trop loin (et ceci jusqu'à ses 35 ans…). Il faut dire que même dans votre ventre, il ne vous semblait pas toujours complètement protégé !

Souvenez-vous du temps béni de la maternité. De ces infirmières, ces médecins, ces sages-femmes à votre merveille entièrement consacrés[1] !

Même votre épisio ne parvenait pas à les détacher du spectacle magique de votre nouveau-né. Faut dire qu'il était plutôt beau… Et votre épisio, plutôt moche…

Ah ! Le bouton d'appel à portée de votre main droite ! Ah ! Le berceau transparent à portée de votre sein gauche ! Incroyable comme vous n'aviez jamais apprécié toutes les vertus du Plexiglas. Un si vilain mot pour une si géniale invention. Allongée sur le flanc (aïe) vous comptiez et recomptiez tous ses p'tits doigts d'pied-pieeeed ! Dix, il en avait !

Et ça ne cessait de vous étonner. Et même s'il n'en avait pas tout à fait 10, c'était déjà formidable ! C'est vous qui les aviez fabriqués ! Toute seule, enfin quasi…

---

1. Ne cherchez pas la notice de montage de cette phrase. C'est de la poésie. De la poésie sponsorisée, il est vrai, par Ikéa…

Et puis, vous êtes rentrée chez vous et on vous l'a mis, sous prétexte qu'il ne fallait pas le surprotéger, dans un lit opaque… une chambre opaque… une autre aile du château opaque…

Comme dans Sissi face à son destin ! Quand la méchante reine, la mère de François-Joseph (rien que pour appeler son fils François-Joseph, il faut être névrosée, non ?), lui retire son bébé pour le confier à une nourrice ! Saleté, va ! Et qu'est-ce qu'il fait François-Joseph, à ce moment-là ? Rien. Il écoute sa mèèère. Non, aristocrates ou pas, on n'est pas pareils, les hommes et nous.

Depuis la naissance de votre nouveau-né, n'avez-vous pas le sentiment, la nuit, de toujours tendre l'oreille ? Même lorsque, par miracle, vous dormez ?

Oui ?

M'étonne pas. Comme beaucoup de jeunes mères, vous souffrez d'ALH *(Audio Lateralised Hypertrophy),* aussi appelée « Maladie de Super Jaimie ».

Souvenez-vous de la femme bionique. Si Steeve Austin (ce mégalo crâneur qui se faisait appeler « l'homme qui valait trois milliards », oh la honte !) savait voir à des kilomètres à la ronde, elle, elle entendait à des kilomètres à la ronde.

« Toutoutoutoutoutouttoutou » fait donc votre oreille de jeune mère en direction du berceau…

« Rrrrrrrrrrrrrrr » fait le nez du jeune père en direction de rien.

Non, bioniques ou pas, on n'est pas pareils, les hommes et nous.

Quand il se lève pour changer votre bébé, votre homme sait-il ensuite vous décrire exactement à quoi ressemblait son popo ?

Mou ? Mais vraiment mou ou normalement mou ?

Quand il lui donne le biberon de la nuit, sait-il vous dire ensuite s'il a bien fait ses rots ?

Combien de rots ? De gros rots francs ou des p'tits rots timides ?

Des rots que je peux me rendormir rassurée ou des rots que, quand même, il faut surveiller ?

Pour autant vous ne me ferez pas dire que les hommes font mal. Ils font seulement mâle. Et non, ce n'est pas pareil…

Soyons logiques, on leur demande d'en faire plus et quand ils le font, on les guette. Et comme on les guette, ils ne le font plus. Logique masculine…

Enfin, à ce qu'il paraît. Moi, Madame, je me contente de me faire le relais de mes amies. Enfin de mes ex-amies, vu qu'une fois qu'elles auront vu ce que je fais de leurs confidences…

Je vous raconte ? Allez, je vous raconte !

Mes amies, leurs amours, leurs emmerdes…

Cas n° 1 : le mari de Valérie

Valérie se plaignait de ne rien pouvoir demander à son homme, son époux, son compagnon, son mek-à-elle-ki-lui-parlait-d'aventures. Bref, cet être avec lequel elle avait « enfauté » et que la nature avait injustement épargné question hormones et épilation maillot.

« La seule chose que je peux lui demander, me disait Valérie avec humeur, c'est l'heure ». En bonne amie, je temporisais : ce garçon semblait de toute évidence un p'tit peu feignasse, mais il était prêteur…

En fait, il se trouvait que Valérie était la maman d'une petite fille de trois mois (ma filleule !) adorable, certes, mais fatigante. Vous connaissez les petites filles d'aujourd'hui, elles veulent toutes devenir chanteuses. En l'occurrence, la fille de Valérie lorgnait plutôt vers le répertoire de Nina Hagen.

Valérie avait donc tenté d'expliquer à son homme qu'un jour par semaine, le dimanche par exemple, elle n'était pas contre le fait de faire une petite sieste, voire de prendre un bain. Après tout, même Dieu s'était lavé le 7e jour.

Le problème c'est que, pour que Valérie puisse tremper, le mari de Valérie devait assurer. Vous connaissez le célèbre adage : « Maman dans le bain moussant, Papa attendu au tournant. »

En dix semaines, m'expliquait Valérie, son homme n'avait réussi à s'occuper de leur princesse que… deux fois. Et encore, pas plus de deux heures. Deux heures se concluant par ce grand cri viril et pré-affalementique : « Oh làààà, ch'uis cas-sé, moi ! »

Dans les excuses invoquées par le mari de Valérie (le mari de Valérie, il n'y a pas un catalogue qui s'appelle comme ça ?), il y avait :

– Le rhume.

On ne peut s'occuper d'une nourrissonne quand on est enrhumé, vayons !

Sauf quand la nourrissonne est elle-même enrhumée.

Oui mais, et si ce n'était pas le même virus ?

Un virus + un virus = heu, la tête à Toto, c'est prouvé…

– Autre excuse invoquée : plein de trucs à faire pour le boulot.

Alors, là, j'intimais à mon amie le respect. Dans la mesure où elle se la coulait douce en plein congé de maternité ET sur le dos du contribuable, elle n'avait rien à dire…

– 3e excuse : plein de trucs à faire pour la maison.

Pas mal non plus… Responsable, le type. Pas le genre à laisser des portes couiner dans leurs gonds et la chasse d'eau fuir pendant des mois. (Non, parce que tu sais Chéri, côté bricolage, c'est pas M. Casto, c'est M. Castostrophe ! Ha ! Ha !) Pardon.

Bon, en l'occurrence, le truc superimportant qu'il avait à faire, le mari de Valérie, c'était… du pain. Il avait donc fait du pain. À 8 heures du soir.

Pas de chance, Valérie, à son insu, avait épousé Charles Ingalls…

– Enfin, dernier argument de son apprenti boulanger, à ma pauvre copine pas aidée : « Il-n'avait-pas-entendu-le-bébé-pleurer. »

En mon for intérieur, je souriais : que le père qui n'a jamais invoqué ce prétexte me lance la première couche ! Pour autant, en tant qu'amie des hommes, j'appuyais la cause du mari. « Tu sais ma puce, la paternité, c'est connu, ça rend sourd ! » Et j'ajoutais, en tant qu'amie des sommiers : « Voilà pourquoi il serait peut-être temps que tu reprennes une véritable activité sexuelle avec ton vénérable épouXXX. » Les XXX étant là pour mieux appuyer mon propos. Pour conclure, je conseillais à Valérie d'adopter la « positive-attitude » prônée sinon par Nina Hagen, du moins par Laurie !

« Il ne bondit pas lorsque-ta-fille-se-met-à-pleurer-alors-qu'elle-se-trouve-juste-à-côté-de-lui-dans-le-landau-et-que-te-voilà-obligée-de sortir-de-ton-bain-toute-ruisselante-d'Obao-senteur-marine ?

C'est vrai. Mais ton enfant, très bientôt, se nourrira de bon pain bio. Et c'est-y pas mignon cette image de père nourricier qui fabrique la pitance de ses p'tits, avec ses papattes toutes transies de froid ? Hummm ? »

Et voilà comment, une fois de plus, je sauvais un ménage…

Cas n° 2 : le mari d'Aïcha

Comme beaucoup de mamans normalement protectrices, Aïcha avait l'habitude de bien – de très bien – couvrir sa fille Marine. Or, le papa de Marine ne comprenait pas à quoi servait de transformer systématiquement la gamine en oignon sous prétexte que le fond de l'air était (peut-être) frais.

« Et c'est toi qui vas les prendre, tes RTT, pour la conduire chez le docteur, quand elle sera enrhumée ? » hurlait Aïcha, véritable pasionaria de la petite laine.

Autant vous dire que le couple n'allait pas bien du tout.

Là encore, je sortais ma panoplie de *Suuuper Thérapeueueuthe,* et je conseillais à Aïcha de ne pas braquer son homme. N'avait-elle pas là un cheval fougueux, prêt à se cabrer devant le paletot ? Ne venait-elle pas de me dire qu'il commençait juste sa grande cure annuelle mi-ginseng, mi-gelée royale ?

J'apprenais donc à mon amie à détourner l'obstacle. Pourquoi ne pas prendre l'air faux de la belle fille aimante (genre Lady Di au début de son mariage) et prononcer ce sésame : « Mets-lui cette veste Chéri. C'est ta mère qui lui a offerte, et elle est trooop mignonne (la veste) ! Dans un mois, c'est sûr, elle ne lui ira plus. »

À quoi Aïcha me rétorqua que son homme devenait très méfiant dès qu'on lui parlait de sa mère. Et qu'en plus, ce n'était pas crédible, la petite veste en question ne pouvait avoir été achetée par sa bien-aimée belle-mère, elle était beaucoup trop jolie…

Je lui proposais donc d'y aller franco (genre Lady Di à la fin de son mariage) : « Tu vois cette veste, c'est du cachemire. T'as idée du prix d'une veste en cachemire taille 3 ans ? D'autant plus qu'ils font la même pour adulte ? Et que je me la suis prise aussi ? Parce je ne sais pas résister aux sirènes du consumérisme ? »

Évidemment, elle aurait sans doute droit à une légère scène, la fameuse scène dite « budgétaire », mais qui c'est qui garderait son gilet à 150 euros pour aller à l'école ?

L'important ici était pour Aïcha de ne pas se laisser déstabiliser, de ne pas commencer à se dire : « Mais peut-être qu'il a raison. Peut-être qu'effectivement je couvre trop ma fille. Si ça se trouve la maîtresse n'aura pas l'idée de lui ôter son col roulé si le thermomètre dépasse les 25 degrés. Qui m'a fichu c't'été indien ? »

Non, non, non, non, non, non...

Si une maman estime que son enfant doit porter une parka malgré les prévisions du petit-fils d'Albert Simon, c'est qu'elle sent tout au fond de ses entrailles que le temps va se gâter.

Ils croient peut-être (eux, les Pèèères) qu'il y avait l'air conditionné au fin fond de notre utérus quand on les portait nos petits ! Hein !

Très efficace, ça, l'argument « *C'est moi qui l'ai porté, c'est moi qui sais.* » Pas réglo-réglo, mais efficace...

C'est vrai, ça, un utérus est aussi chauffé qu'un appartement de petits vieux, n'est-ce pas le signe qu'il leur faut de la chaleur, à nos bébés ?

Mes conseils, je dois l'avouer en toute modestie, portèrent bientôt leurs fruits. Aïcha retrouva rapidement un mari serein ET une fillette emmitouflée. Bien que non-boutonnée (la vie de couple n'étant qu'une somme de concessions)...

Je vous épargnerai l'inventaire de toutes les Desperate Housewives qu'il m'est arrivé de sauver (suuuuper thérapeueueuethe !).

En revanche, je vous parlerai de ces deux ou trois petites choses que les pères z'et les mères ne font pas de la même façon...

Comme...

– Secouer un biberon

Le père confond biberon et shaker. Il vous agite donc ça comme Tom Cruise dans le film *Cocktail* (un chef-d'œuvre du cinéma !). Tout juste s'il ne finit pas en donnant un petit coup de biceps comme le type du spot Mennen (un chef d'œuvre de la pub !).

La maman sait que les grumeaux se concentrent dans la tétine quand on agit ainsi. Et que par conséquent il faut rouler le biberon entre les paumes, très patiemment. Comme lorsqu'on fait du feu avec un morceau de bois, aux Jeannettes, sous la grotte.

– Pousser une poussette

Afin de monter un trottoir, la mère donne un petit coup sur la poignée, ce qui permet de passer l'obstacle sans même faire tinter les grelots du hochet. Elle ne le fait pas consciemment, c'est instinctif, c'est maternel, c'est beau comme la vie. Le père, lui, décide de dompter le trottoir. Ce qui est idiot, puisqu'on n'a jamais vu un trottoir plier sous la menace. Le bébé se réveille, mais l'honneur de l'homme reste sauf. En effet, en tout homme sommeille un conducteur de tank, dont la devise serait : « C'est pas une petite bordure qui va nous emmerder ! »...

De la même manière, une mère évitera les trottoirs constellés de crottes de pigeon, au cas où il y aurait des exercices de sauté de Mc Laren chez le virus de la grippe aviaire. Le père, lui, n'y pensera pas.

La mère, pareillement, fuira le moindre pavé, rapport au syndrome de l'enfant secoué. Le père, au contraire, fera exprès d'y passer, tout en faisant vroum vroum pour amuser le bébé.

On continue ? En vrac et sans ordre de préférence, c'est parti !

Les papas ne jouent pas à la maman. Ils ne jubilent pas en préparant chaque matin les vêtements de leur bébé. Ils ne mettent pas du sent-bon après le bain. Ils ne font pas une raie à droite avec les trois cheveux de leur nouveau-né. En sortant d'un bain paternel, le bébé ne ressemble jamais à un membre des Jeunes Républicains...

Les Papas gardent rarement une tétine dans leur sac à main. Et d'ailleurs, ça leur vient si peu à l'idée que vous le remarquerez, ils n'ont même pas de sac à main. Les Papas n'emportent pas le body sale de leur bébé pour le sniffer quand ils doivent partir en séminaire. D'ailleurs les Papas ne disent pas « je dois partir en séminaire », mais « je pars en séminaire », tout simplement.

Et un Daïquiri, kiki, un !

Les Papas ne savent pas changer une couche débordante de caca sans crier : « Tu m'apportes un sac-poubelle ? » ou « Non, mais c'est pas vrai, il en met toujours partout avec moi, ce gosse ! » Les Papas peuvent (inconsciemment bien sûr) ne pas sentir l'odeur du caca alors que le bébé est sur leurs genoux, mais le déceler à des kilomètres lorsque le bébé est sur vous… En revanche, les Papas sont souvent plus à l'aise, reconnaissons-le, avec le vomi. Comme quoi, quand même, on est assez complémentaires. Peut-être parce qu'ils ont été vaccinés lors de nos nausées de grossesse.

Les Papas ne savent pas de façon instinctive que les pressions s'attachent derrière lorsque le motif de petit canard se situe sur le ventre, et devant lorsque le motif de petit canard se trouve sur les fesses. Les Papas couchent parfois les bébés sans leur enlever leurs petits chaussons. Les Papas oublient souvent de fermer les volets. Et les Papas ne voient pas où est le problème. Sauf quand l'enfant se réveille à 5 heures du matin en pleines vacances d'été, vu que s'il fait clair, on a le droit de jouer… Et les Papas vous traiteraient presque de mauvaise mère lorsque tendrement vous leur susurrez : « C'est bête hein, mais comme c'est de ta faute, c'est toi qui vas te lever, et n'oublie pas de fermer la porte, s'il te plaît. »

Les Papas trouvent parmi tous les guides que la Maman a acheté LA page où il est écrit qu'il ne sert à rien de stériliser.

Les Papas estiment que c'est aussi bien de prendre la température sous le bras. Et que les suppos, c'est dépassé. Les Papas ont un problème avec tout ce qui est rectal.

Les Papas tiennent très ostensiblement la tête de leur bébé la toute première semaine, puis plus du tout après.

Les Papas ne savent pas spontanément tenir un enfant sur la hanche tout en touillant la soupe. Une étude américaine a révélé que les étudiants portent leurs livres à bout de bras comme une sagaie, et les étudiantes contre le flanc, comme un bébé. Les Papas ne le savent pas, mais on est peu de choses…

Mais reconnaissons aussi que les Papas d'aujourd'hui sont plus cools, bien plus cools, que les papas du temps jadis.

Ils parlent « turbulette », « éosine », « érythème » aussi bien – voire mieux – que « péno » et « carburateur ».

Alors, laissez-leur de la place. Une fois votre période fusionnelle avec le bébé terminée (soit dans 15 ou 20 ans), vous verrez comme c'est agréable d'être secondée.

N'étiez-vous pas heureuse qu'il s'occupe des soins du cordon ? Avec cet air méticuleux de Louis XVI penché sur une montre à complications ?

Et les massages ? Bon d'accord, ça n'a pas duré, mais n'était-ce pas touchant de le voir suivre point par point ce que lui avait appris la prof du cours « parlons peau-les parents-les bébés » ?

Les Papas, bonne nouvelle, sont en passe d'être reconnus. Et même pas à leur insu ! Tout comme ils ont leur coca zéro (parce que le light, ça fait gonzesse), leurs sticks larges, leurs scrumbs désincrustants, ils ont désormais leur congé de paternité, leurs forums, leurs sites, et leurs cassettes vidéo (« Toi aussi deviens père avec Marcel Fonda »).

Alors, faites-leur confiance. Si vous êtes aussi tendue lorsqu'ils donnent le biberon qu'ils le sont lorsque vous conduisez leur voiture, on ne va pas s'en sortir. Et dans quarante ans, la vieille dame (toujours séduisante) que je serai s'excusera encore de devoir tomber dans le cliché…

CHAPITRE 3

Faire l'amour ? Mais on a déjà un bébé !

Passer du statut d'amants à celui de parents peut altérer la santé sexuelle du couple. Certains auront du mal à passer du statut de couple d'amoureux au couple parental. Pour ne pas laisser votre vie sexuelle passer au second plan, les deux partenaires devront privilégier les moments en tête-à-tête, prendre le temps de renouer avec leurs corps, de ressentir de nouveau ce désir. La clé reste le dialogue au sein du couple…

www. doctissimo.fr

Souvenez-vous de la fille que vous étiez avant.

Pas facile ?

Ben, si, quand même…

Non c'est vrai, soyons honnêtes, on vous imaginait davantage dans le fauteuil d'Emmanuelle que dans un fauteuil présidentiel.

Et c'est tout à votre honneur !

Mue par un esprit curieux et avide de nouveauté, et dans le cadre quasi philosophique d'une grande étude comparative, avouez que vous en avez tâté du garçon !

Récapitulons.

Il y a eu « le premier ». Une erreur. Passons.

Il fut suivi de près (et même de très près, bien fait !) par votre presque beau-frère, c'est-à-dire le frère de la copine de votre frère. Une histoire d'Œdipe mal réglée selon votre analyste, mais une jolie histoire quand même.

Il y eut après cela, heu, l'homme marié. Bon, comme ça, c'était fait…

Il faut dire à votre décharge qu'il s'agissait d'une autre époque, un temps où les hommes mariés étaient beaucoup moins mariés qu'aujourd'hui… Et puis, dans votre cas à vous, il s'agissait d'un mariage moribond, c'était pour ainsi dire un acte d'euthanasie amoureuse.

Puis vint celui que vos copines appelaient « le routier », un grand gars sexy-sain, qui passait de temps en temps sur votre route de Madison. Puis, celui qu'elles surnommaient « papa », sous prétexte qu'il avait vingt ou trente ans de plus que vous. C'est d'ailleurs le moment que votre psy a choisi pour d'une part perdre tous ses cheveux, et d'autre part vous lâcher. Pas plus mal, vous étiez en train de tomber amoureuse de lui (Ah, ses lunettes en écailles ! Ah, ses petits débardeurs en laine bouillie !).

Passèrent encore sur l'écran noir de vos nuits blanches, par ordre d'apparition : le tatoué, l'homosexuel en quête d'identité, votre meilleur ami (à ne jamais faire !), votre autre meilleur ami (à ne jamais refaire), Georges Clooney (mais ça doit rester un secret), plus un lot assez complet de radins, de machos, de handicapés de l'engagement, etc.

Vous ne saviez pas encore ce que vous vouliez, mais vous commenciez à avoir une idée assez précise de ce que vous ne vouliez plus.

Comme dans la chanson de Carla Bruni, votre pauvre maman se disait en soupirant : « Qu'ai-je fait pour cela ? Est-ce de ma faute à moi, si ma fille est comme ça ? »

Mais c'est un peu logique pour une femme comme votre maman, à côté de laquelle l'Immaculée Conception elle-même est quasiment une allumeuse[1].

Et puis, il est arrivé. LUI !

CELUI qui a pu traîner ses Converse sales sur votre moquette blanche sans que vous dégainiez votre Artec 2 RO 4142 de chez Rowenta & Wesson.

CELUI qui s'est moqué de votre collection de poupées de fête foraine, sans que vous criiez au snobisme déplacé.

CELUI qui vous a fait troquer les photos de votre chat sur votre portable (toutes les célibataires, de la plus naphtalinée vieille fille à la plus délurée Bridget Jones, ont une photo de leur chat sur leur portable) contre un cliché de LUI, mangeant des spaghettis. Pas très proprement, en plus…

CELUI pour qui vous avez décidé de revoir votre définition de l'Apollon, un petit pas pour la femme, un grand pas vers les concessions.

CELUI que vous avez présenté à vos parents qui, n'y croyant plus, se sont trouvés « très agréablement surpris, ma Chérie ». Ou en tout cas, très agréablement tolérants.

CELUI que vous avez même épousé, si ça se trouve ! Lui en grandes pompes, vous en robe longue. Du voile meringué comme s'il en pleuvait, des petits bonshommes sur la pièce montée, du plan de table raté, tout y était.

Bref, CELUI avec qui vous avez entrepris d'avancer sur le chemin de la plénitude sexuelle. Avec cette petite idée en tête : si c'est en forgeant qu'il deviendra forgeron, c'est en papouillant qu'il deviendra papounet.

Et ça a marché ! L'Enfant est paru, comme dans le poème de Victor Hugo !

Et le cercle de famille d'applaudir à grand cri !

---

1. Blasphème très tendre pour la Vierge Marie, que je respecte presque autant que Simone Veil, pour vous dire ! Et que j'imagine tolérante, charmante, et toujours prompte à plaisanter.

Et votre libido de se rabougrir sans un bruit.

Et le roulement de questions de tambouriner jour et nuit :

« *Mais que se passe-t-il ? C'est cassé ou quoi ? Ça y est, je me suis assurée une descendance, le cycle de la vie est respecté, c'est ça ? Le désir ne serait qu'instinct de reproduction ? Mais pourquoi* LUI *a-t-il toujours envie ? Il n'est qu'une bête ! Et je ne suis qu'une femelle vouée à son petit ! On ne serait que des animaux ?* »

Toutes ces interrogations existentielles qui pointaient le bout de leur nez ! Pour repartir, il est vrai, faire un tour aussitôt. Parce que ce n'était pas tout ça, mais il y avait le bébé à bercer, à nourrir, à langer, et avec qui fusionner.

Un enfant, un nouveau-né, c'était de l'amour à l'état pur, de l'extrait d'essence de sentiment, de la tendresse distillée, à côté duquel le « zizigougou » vous paraissait bien désuet, voire sans intérêt.

Et tout cela était nor-mal !

Oui, ma puce, vous étiez et vous demeurez nor-male (hé, j'adore comme on devient amie vous et moi !).

En effet, Winnicott (lui-même et encore lui) parle des « cent jours de folie maternelle ». Il est vrai qu'il aurait pu trouver un autre terme que « folie », il n'avait pas toujours les bons mots, not' Winnie...

Mais ce qu'il évoque là, c'est bien ce coup de soleil amoureux de la maman pour son bébé, qui envoie sur orbite toutes les étoiles qui gravitent hors de leur champ en fusion.

C'est donc naturel, affirme Winnicott, que la femme, durant cette période, se sente bien plus maman qu'amante. Et, c'est au compagnon de ramener la compagnonne à lui. Et toc ! En tout cas, s'il souhaite que ces cent fameux jours ne se transforment pas en guerre de cent ans...

Bon, entendons-nous : lorsque Win' parle de cent jours, c'est juste parce que cela sonne bien, une appellation de marketing, en quelque sorte. Ne paniquez pas si, pour vous, cela s'avère un peu plus long. Regardez les 3 jours des Galeries Lafayette, en réalité, ils durent plus d'une semaine…

Selon les sexologues Master et Johnson (à ne pas confondre avec les lessivologues Propter & Gamble), les pannes du désir sont ressenties par 46 % des femmes, après un accouchement. Et ce n'est pas que la faute du bébé qu'a-piqué-la-place-à-papa.

Il y a aussi, tout d'abord, de très nombreuses raisons physiques. Revue de détail :

1. Vous avez « vos lochies ».

Les lochies, rappelons-le, étant à la fraîche accouchée ce que les ragnagnas sont à la jeune fille pubère : un mal nécessaire, très abondant, très contraignant, et très socialement intéressant. Les années passant, vous aviez appris à être plutôt pudique sur vos périodes menstruelles. Mais curieusement, vous revoici prête, comme lorsque vous étiez ado, à faire passer un avis dans le journal : « Fermé pour cause de travaux. Repassez plus tard. »

2. Vous avez « des points ».

On ne parle pas ici de votre permis de conduire, mais de votre éventuelle épisiotomie. Ça pique, ça gratte, en un mot ce n'est pas confortable. Vous n'avez pas forcément envie d'y inviter du monde…

Si vous avez eu la chance d'échapper aux p'tits ciseaux de la sage-femme, il n'en demeure pas moins que vous avez l'impression qu'un convoi exceptionnel est passé, heu, « par là ».

En effet, les dyspareunies sont tout à fait fréquentes après un accouchement. Expliquez-le à votre compagnon de sommier, s'il a tendance à vous traiter de chochotte.

Comment ? Il ne sait pas ce que dyspareunies signifie ?! Et vous avez fait un enfant avec cet ignare ?! Béotien, va !

Comment ça « béoquoi » ? S'il ouvrait le dictionnaire aussi souvent que sa braguette, on n'en serait peut-être pas là ![1]

3. Vous avez des cernes.

Selon mon très vénérable sophrologue (Petit Scarabée Benoît), demander à une femme normalement constituée d'accoucher équivaut à exiger d'un sportif non entraîné de courir un marathon. Deux ou trois jours de semi-repos, et voici qu'on lui demande de s'occuper (jour et nuit !) d'une colonie de vacances en furie. Car un seul bébé vagissant au moindre prétexte est aussi épuisant qu'un camp entier de scouts en quête de bonne blague.

Or, le stress, la fatigue, les soucis font chuter l'appétit sexuel de 56 % chez la femme et de 72 % (!) chez l'homme. Vous avez été compréhensive quand y a eu une charrette au boulot. Qu'il considère que là, c'est votre charrette à vous...

Rappelez-lui en passant, surtout s'il est comptable, que selon le CNRS (des gars sérieux s'il en est), les femmes sont deux fois plus présentes auprès de leurs enfants que les hommes.

Vous êtes fatiguée, épuisée, lessivée, et vous rêvez davantage d'une bonne sieste que d'un rendez-vous amoureux.

Par conséquent : Morphée : Un. Cupidon : Zéro.

4. Vous avez de la prolactine (et décidément beaucoup de vocabulaire !).

La prolactine est une hormone, une de plus, qui cache, sous son nom de petit déjeuner hyperprotéiné, une vilaine propension à inhiber la sécrétion d'œstrogènes.

1. Au fait, au cas où un homme nous lirait : les dyspareunies sont les douleurs qui peuvent être ressenties lors d'un rapport sexuel. Et un béotien, c'est quelqu'un qui ne sait pas que les dyspareunies sont des douleurs qui peuvent être ressenties lors d'un rapport sexuel.

Et pas d'œstrogènes, pas de désir.
Pas de désir, pas de lubrification vaginale.
Pas de lubrif', pas de gourou gourou sous la tente…

Ajoutez à cela que votre sexe s'est, en un certes assez bref mais quand même fulgurant instant, trouvé résumé à sa seule fonction procréatrice. C'est comme si vous aviez été quelque peu dépossédée de votre zone génitale. Vous devez en reprendre tout doucement le contrôle. Tout doucement, on a dit, Chéri !

Les raisons physiques, c'est fait.

Abordons à présent les quelque 15 000 raisons psychologiques, inhibitrices de libido, auxquelles vous pouvez être confrontée. Vu qu'on n'est pas que des machines…

Histoire de préserver la forêt amazonienne en limitant le nombre de pages de cet ouvrage, je ne vous en ai sélectionné que quelques-unes.

1. La tentation de l'ascétisme.

Durant plus de neuf mois, vous vous êtes trouvée dans une spirale ascétique : plus de cigarettes, plus d'alcool, plus de fromage, plus de soleil. Vous voici désormais rendue à « plus de nourriture », vu que vous avez encore, à vue de miroir, 300 kilos à perdre…

Dans ce contexte, il ne vous reste qu'à fermer la machine à froufrous pour devenir un formidable cénobite. Heu, non, pas cénobite, la rime n'est pas jolie. Disons plutôt « anachorète ».

2. La préemption d'appréhension de… préhension.

Vous avez lu quelque part que ça pouvait faire mal, une histoire de dyspareunies ou quelque chose comme ça…

Pour vous rassurer, vous vous êtes rendue sur un forum féminin, histoire de faire part de vos angoisses. Et une bonne âme vous a écrit ceci : « *Oui, dis toi k ça risk de faire mal ms si cheri y va en douceur, tt se passera bien !!!! c un peu kom un 2eme 1ere fois !!! un cap a passer !!!* »

Ce qui a fini de vous terroriser…

3. L'obsession de la grosse dondon.

Le rapport de la femme au sexe est souvent narcissique. Pour avoir envie de l'autre, vous devez avoir envie de vous. Or, votre corps a changé (si, Monica B, ton corps a changé, ne fais pas ta crâneuse !). Si vous vous considérez comme grosse-moche-molle, et que votre compagnon vous désire, c'est qu'il aime les grosses-moches-molles. Et honnêtement, vous ne pouvez pas, de votre côté, faire l'amour avec ce pervers !

Pas de panique, dans quelques mois vous aurez retrouvé votre ligne, ou en tout cas, une ligne. Comme dirait une fois de plus ma grand-mère (Clémence Lao Tseu) : « neuf mois pour le faire, neuf mois pour le défaire ! »

4. L'interdit parental.

Un parent ne fait pas l'amour ! Continuer de pratiquer le Kama-sutra maintenant que vous avez un enfant serait admettre que vos parents étaient peut-être des adeptes de la Toupie Tonkinoise. Et ça, c'est vraiment dégoûtant !

5. Le traumatisme de l'irruption.

Vous avez peut-être mal compris, mais selon le fameux guide « Françoise Dolto expliquée aux benêts », il serait malvenu d'inciter un enfant à lire. En effet, l'ordre « lis » lui évoquerait le lit de ses parents. De même, l'injonction (de coordination) « écris » lui rappellerait les cris qu'il entendrait depuis le lit de ses parents…

Depuis que vous savez cela, vous êtes tétanisée à l'idée de voir surgir votre enfant dans la chambre, et de l'entendre vous demander, de sa petite voix, à ses yeux innocente pareil : « Et pourquoi Papa il fait mal à Maman ??? » Voilà pourquoi vous préférez ne pas tenter le diable…

Cela dit, si effectivement vous n'avez pas repris les relations conjugales alors que votre enfant est en âge d'escalader son petit lit à barreau et de composer une phrase interrogative « sujet + verbe + complément », il y a peut-être ce qu'on appelle « une méduse dans le ménage »… N'hésitez pas à vous lancer dans une thérapie de couple.

6. Le deuil de la spontanéité.

Lorsque la femme allaite, une émission de lait peut se produire au cours des rapports ou au moment de l'orgasme. Or, le « pan dans l'œil », qui pourrait être amusant dans le

Je comprends mieux tes grands discours sur les vertus de l'allaitement maternel...

cadre d'un film des Monty Python, peut se révéler nocif à la concentration dans la vraie vie. Surtout si la scène est redondante. La solution : une tétée avant le câlin.

« Une minute, Chéri, reste concentré, je réveille le bébé, je l'oblige à prendre le sein, je le change, je le rendors et je reviens. »

Il ne reste plus ensuite qu'à utiliser un ovule ou un petit gel lubrifiant (rapport à la sécheresse vaginale), puis d'installer qui son diaphragme, qui sa cape cervicale (Suuuper contraceptor !), qui son éponge contraceptive. Et voilà !

« Je suis prête, Mamour, tu veux bien mettre une capote au cas où ? Mais Chéri !? Tu dors ?! »

Et c'est ici que nous allons devoir parler d'un phénomène terrible. Eh oui, c'est le moment. On ne peut pas faire autrement. Quand c'est l'heure, c'est l'heure. Quand faut y aller, faut y aller.

Il est temps de l'évoquer, cette épée de Damoclès suspendue au-dessus de vos entrailles, ce killer de l'enthousiasme sexuel.

Le retour de couches...

Souvenez-vous de quand vous étiez petite. Vous entendiez votre maman, votre grand-mère, et tout le gynécée familial en parler à mi-voix, avec des mines de conspiratrices : le retour de couches...

Retour de couches ? Qu'est-ce que c'était que quoi qu'est-ce ? Ça voulait dire qu'avec ce nouvel enfant, on replongeait dans les couches ? Ou que la maman recouchait avec le papa ? Ou que le bébé faisant ses nuits, elle pouvait enfin se coucher ?

En fait, maintenant que vous êtes grande, je peux vous le dire, il s'agissait – et il s'agit toujours – du premier retour des règles, une fois que l'enfant est né. Il survient généralement entre la 6e et la 10e semaine après l'accouchement.

Le retour de couches est plus tardif chez les femmes qui allaitent, mais l'absence de règles ne signifie pas l'absence d'ovulation. Si on ignore cela, on ne parle bientôt plus de « retour de couches » mais de « retour de couches mal géré » voire « d'accident ».

Combien y a-t-il eu ainsi – et y a-t-il encore – de petit frère ou de petite sœur « accident » ? Je suis désolée, mais avoir « accident » comme deuxième prénom, ce n'est pas très épanouissant, psychologiquement parlant...

Le problème, c'est que lorsque le gynécologue passe dans votre chambre, à la maternité, et qu'il vous débite son laïus anticonceptionnel, vous lui accordez autant d'attention qu'un philosophe à un concert de M.Pokora.

Voilà pourquoi, môa, qui suis un peu une sœur pour vous désormais, je vous ai préparé un p'tit topo de ce que je sais. Rendez-vous dans l'encadré, vous verrez, ça sera vite fait[1].

Bon, bon, bon.

Nous avons examiné toutes les raisons de ne pas faire l'amour. Voyons à présent les raisons... de le faire. Parce que, oui, il y en a.

Les scientifiques, qui ne sont jamais contre un brin de poésie, parlent de « sexualité du *post-partum* ».

Selon eux, d'un point de vue médical, il est tout à fait possible de reprendre une activité sexuelle dans les jours qui suivent l'accouchement. Cependant, ils assurent qu'il est préférable d'attendre la fin des lochies et la cicatrisation totale de l'épisiotomie ou de la césarienne (les fils pouvant blesser Monsieur ?).

Cela n'empêche pas certains couples, si l'on en croit quelques sages-femmes, de remettre ça entre les draps de

---

1. Entendons-nous, le roi de la contraception, c'est Martin Winckler. Pour en savoir plus, plongez-vous, vos hormones et vous, dans *Contraceptions mode d'emploi* (1ere et 2e éditions au Diable Vauvert, 3e édition chez J'ai Lu).

la clinique ! On demande à voir… Enfin, c'est une façon de parler.

Comment faire quand on n'a pas (tellement) envie ?

On se motive !

Une minute de French Kiss (le « avec la langue ») vous fait brûler 7 calories. Une heure de gros câlin et c'est 270 calories qui s'envolent, soit autant que si vous aviez passé l'aspirateur. Faites la chasse aux miettes juste après et c'est carrément un abonnement au Gymnase Club que vous venez d'économiser !

Autre chose : les orgasmes aident l'utérus à reprendre sa forme initiale.

Et qui ne rêve pas de récupérer son bel utérus de jeune fille ?

Troisième avantage, et non des moindres : vous allez pouvoir le dire à vos copines. Tout comme l'homme est assez fier d'honorer sa femme durant sa nuit de noces malgré un état (d'ébriété) proche de l'Ohio, la femme n'est pas mécontente de rester une sexuelle bebon en dépit de sa nouvelle condition de mère de famille.

Tenez, à propos de douleur, si vous avez peur d'avoir mal, rappelez-vous qu'en amour, on peut faire un tas de choses avec la bouche.

En outre, en enfourchant votre partenaire, telle l'amazone Penthésilée chevauchant le cheval de Troie (toi aussi, cultive-toi en câlinant !), vous contrôlerez votre taux de pénétration, telle une courtière de l'amûr.

En tout cas, en aucun cas ne cédez aux instances de votre homme sur le ton du *« Bon d'accord, je te donne ton Kinder Surprise et tu me laisses finir mon travail. »*

Gageons ainsi qu'avec un tantinet de patience, un chouïa de tendresse, une pincée de bonne volonté, vous retrouverez bientôt une vie sexuelle normale. Enfin, selon vos critères....

Amour, pilule et autres curiosités (ou les quelques petites choses que je sais)...

– Le lait n'évite pas le danger. Je répète : le lait n'évite pas le danger. Quoi que dise votre belle-mère : vous pouvez vous retrouver enceinte alors que vous allaitez.

– Certes, il existe des méthodes de contraception naturelle, telles que la méthode MAMA (méthode de l'allaitement et de l'aménorrhée).

Cette méthode peut être efficace jusqu'à 6 mois après l'accouchement **si et seulement si** la maman pratique l'allaitement complet, à la demande, jour et nuit, avec un minimum de six tétées par 24 heures, et jamais plus de 6 heures entre les tétées, et que le bébé ne reçoit ni solide ni liquide autre que le lait pris directement au sein, et qu'il n'utilise pas de tétine. Ouf...

– Dans la série « je suis une fille super consciencieuse et je n'aime que le naturel », vous avez aussi la méthode Billing's. Elle est fondée sur l'observation de vos glaires cervicales, ces sécrétions transparentes qui ressemblent à du blanc d'œuf. Quand glaire il y a, ovulation il y a. Par conséquent, vous êtes féconde. Féconde et... observatrice !

– Pour utiliser un diaphragme, une cape, une éponge, il est recommandé d'attendre 6 à 8 semaines après l'accouchement ; le temps pour l'utérus et le vagin de reprendre leur magnifique forme.

– Il existe des pilules minidosées adaptées aux mamans qui allaitent.

– Avoir enfanté vous autorise à porter un stérilet. En effet, le stérilet est à la nouvelle mère ce que le permis de conduire est au nouveau bachelier : une sorte de consécration.

Il faut juste attendre la fin de la vengeance du retour de couches (soit la fin des premières vraies règles) pour éviter tout risque d'infection.

Je dirais même plus : votre enfant grandissant, vous reprendrez des habitudes d'adolescents sur le point de se faire pécho par leurs parents. Vous vous aimerez dans les endroits les plus romantiques, les plus fous, les plus... fermables à clé : les toilettes, la salle de bains, le vaisselier. Et si vous êtes claustro, eh bien, il vous suffira de poser un petit verrou sur la porte de votre chambre.

Un verrou ? Comme celui qu'il y avait dans la chambre de mes parents ?

Mais c'est dé-goû-tant !!!!

Fonder une famille : la bulle ou les boules ?

Pièces à fournir dans une procédure de divorce à l'amiable :

– copie de l'acte de mariage

– copie de l'acte de naissance de chacun des époux

– copie de l'acte de naissance de chacun des enfants

– copie du livret de famille

– copie de justificatif de domicile

– copie de pièce d'identité de chaque époux

– copie de la carte d'immatriculation à la Sécurité sociale

– dernier avis d'imposition du couple ou des trois derniers bulletins de salaire

– copie du contrat de mariage

– nom et adresse de l'employeur de chaque époux

– avis de notification de droits de la Caisse d'allocations familiales

– copie des contrats de prêts en cours (avec tableau d'amortissement)

– copie des titres de propriété immobiliers

– certificat de bonne volonté...

Il est né, le divin enfant, jouez « houlà », résonnez querelles...

Il est né, le divin enfant, chantons tous le chambardement !

Souvenez-vous, lorsque vous êtes « devenue un couple », à quel point vous avez eu l'impression de changer de vie.

Soudain, votre nombril n'était plus le carrefour du monde.

Soudain, lorsque vous alliez faire un ravitaillement, vous pensiez toujours à sa mousse à raser, ses chaussettes en fil d'Écosse, son chocolat aux noisettes. Alors que lorsque vous étiez célibataire, le chocolat aux noisettes (vecteur de diabète, de cholestérol et, pire, de cellulite !) n'avait pas droit de cité dans votre Caddie, et encore moins dans votre placard.

Du concentré d'abnégation, de l'essence d'altruisme, du sirop de sacrifice, voilà ce que vous étiez devenue ! Sœur Marie-Thérèse des courses au Monop' !

Et puis vous êtes « devenue une famille ».

Et vous avez découvert une chose physiologiquement étonnante : vous n'aviez même plus de nombril !

Quant au jeune chef de famille, il en avait un beaucoup moins gros qu'avant (nous parlons ici toujours du nombril), cet élément ne disparaissant jamais complètement, complètement chez un homme.

Vous étiez :

Roméo et Juliette ! Tristan et Yseult ! Adam et Ève ! Johnny et Laetitia !

Vous voici devenu :

Papounet et Mamounette…

Et voici comment on tombe du Charybde conjugal au Scylla parental, diraient certains ronchons (ronchons mais hellénistes) de ma connaissance.

Évidemment, vous avez toujours refusé de vous appeler l'un l'autre « Papa-Maman ». Ils sont rares en effet les couples de notre génération – à savoir jeunes et beaux – à s'oublier ainsi derrière leur parentalité.

Bonus !

Chanson écrite du temps où vous avez rencontré Chéri, et qu'il serait bien dommage de ne pas laisser à la postérité…
Titre (demeuré) provisoire : « J'ai un homme ! »

J'ai un homme
Pour m'accompagner au supermarché
Un gentil mari qui pousse le Caddie. J'ai un homme.
Ch'suis devenue bébête, j'déprime mes copines
Elles me trouvent débile, cucul la praline. J'ai un homme.

J'ai un homme
Un qui supporte pas l'odeur d'mon vernis,
quand j'me fais les ongles. J'ai un homme.
Qui regarde le football, qui joue au ping-pong
Et qui ronfle la nuit. J'ai un homme.

J'ai un homme
Qui m'surnomme chouchou,
Qu'j'appelle roudoudou. J'ai un homme.
Un homme bien bonhomme, qu'mon père trouve vulgaire
Un qui n'a pas fait l'service militaire. J'ai un homme.

J'ai un homme
Un qui m'remplit ma feuille d'impôt
Un qui me répare la chasse d'eau. J'ai un homme.
Un à qui je crie « rabats la lunette
Quand c'est que tu vas aux toilettes ! ». J'ai un homme.

J'ai un homme.
Un qui a une mère, un qui a des sœurs ➲

Sur qui j'peux passer toutes mes aigreurs. J'ai un homme.
Un homme qui n'a pas que des qualités
Mais un homme viril, mais un homme complet. J'ai un homme.

J'ai un homme.
J'ai du caleçon dans mes dentelles
Du kangourou près d'mes jarretelles. J'ai un homme.
J'ai enfin trouvé la moitié de moi
My heart doesn't belong to Papa. J'ai un homme.

J'ai un homme.
Qui toute la vie va me regarder
Vieillir, m'flétrir, m'rider, m'faner. J'ai un homme.
Un qui n'arrêtera jamais de m'aimer. J'ai-un-homme !

Et pourtant...

Lorsque vous tendez votre bébé à votre homme, histoire, pour une fois, d'aller faire un p'tit pipi sans l'avoir dans le sac kangourou (le bébé), ne dites-vous pas : « Tiens, mon Ange, va voir Papa » ?

Vous n'utilisez pas une expression du genre : « Va voir mon Mec, mon Concubin, mon Compagnon de route. »

Allez, au mieux, vous dites : « Va voir ton Papa », les jours où vous voulez lui faire comprendre (au papa) qu'il ne risque pas la montée de lait à s'occuper un peu plus de son môme, non mais...

Et Papa ? Pardon. Et votre Homme ? Lorsqu'il essaie de vous refiler le petit qui fait « sa crise du soir qui tombe », désemparé, perdu comme un joueur de foot qui ne trouverait pas l'en-but, ne dit-il pas : « Va voir Maman » ?

Humm ?

Plutôt que : « Va voir cette femme extraordinaire, cette presque déesse, ce quasi-top model, cet astre à côté duquel Monica Bellucci elle-même fait figure de pauvre fille. » Phrase qui, entre nous, serait un tout petit peu plus logique…

Tout ceci est bien compliqué.

En effet, de nos jours, ma bonne dame, c'est (presque toujours) volontairement que l'on construit une famille.

Il est fini le temps où la sémillante Anne-Constance de la Jambière devait absolument épouser le rebutant Jean-Vindicien de Broglie – prononcez Breuil – afin de réunir les terres des deux familles, rendant de ce fait, très châre âmie, les parties de chasse à courre encore plus exaltantes !

Aujourd'hui, la d'la Jambière épouse son beau Kevin Fruchard, le convertit au catalogue Cyrillus, et tout le monde s'éclate au Pierre et Vacances d'Ars-en-Ré…

Je me dégage de ma famille d'origine que je n'ai pas choisie (ainsi que je n'ai cessé de le répéter à mes parents excédés l'année de mes 16 ans) afin d'en créer une autre.

Une à moi. Une mieux, forcément.

Une si parfaite que mes enfants n'auront rien à redire, même à 16 ans.

De nouvelles expériences en perspective !

Un nouveau motif d'épanouissement !

Une nouvelle aliénation !

Une nouvelle aliénation ? Qui a dit ça ?

Heu, c'est moi…

Non mais c'est vrai, avec l'arrivée d'un enfant, la vie change, matériellement parlant.

Les frontières de l'intimité personnelle, conjugale, familiale du couple sont redessinées (ainsi que je l'ai lu je ne sais plus où, mais que j'ai trouvé que c'était vachement beau comme phrase).

Votre homme va se retrouver dans la position du chasseur-cueilleur, lui qui jusque-là ne se déplaisait pas tant que ça dans celle du fumeur-glandeur. Quant à vous, vous voici Louve Romaine, *mater dolorosa,* Joconde de la purée carotte. Et ceci même si vous travaillez, et ceci même si c'est vous qui rapportez le plus de baies et de cuisseaux de mammouth à la grotte.

Ajoutez à cela qu'avec cet enfant, vous voici mortels, Chéri et vous. Enfin, surtout Chéri, vu que, vous, avec le mammouth à plumer (ben quoi ?), vous n'avez pas que ça à penser, non plus…

Bref, il cogite trop, vous ne dormez pas assez, il a oublié le pain sans le faire exprès, vous avez oublié le chocolat aux noisettes en représailles, les chaussettes en fil d'Écosse ne sont pas ravaudées, et puis quoi encore, ch'uis pas ta mère…

Autant dire que ça va mal.

Tout cela, entre nous, c'est la faute du bébé. Mais comme il est tout petit, et vraiment trop mignon malgré son acné du nourrisson, on le décrète coupable, mais non responsable.

Et c'est le troisième qui trinque.

« Si ce n'est toi, c'est donc ton père », disait la louve romaine à son petit agneau, Romulus.

« Si je suis sur les nerfs, c'est la faute à ta mère » disait le pourtant très gentil Jean Valjean au misérable petit Gavroche.

Et c'est parfois là que ça clashe.

Et même parfois que ça « baby-clashe ».

En effet, selon certains psychologues, de plus en plus de couples se séparent avec l'arrivée de Bébé. On parle alors, effectivement, de Baby-clash.

Comment passe-t-on de Baby-cash (un magasin où les couches sont vraiment moins chères !) au Baby-clash ?

Retour sur les conséquences funestes d'un heureux événement (là encore, c'est une phrase piquée quelque part, mais avouez que ce serait malheureux de s'en priver ! Personnellement, je la ponctuerais bien d'un « tatata ! ». Allez, on essaye)…

Retour sur les conséquences funestes d'un heureux événement, « tatata » (c'est mieux, non ?).

Selon le Dr Bernard Geberowicz, co-auteur avec Colette Barroux, du livre *Le baby-clash* (voir encadré), 20 à 25 % des couples se séparent après la naissance d'un bébé.

Et ceci dans les premiers mois !

Et cela ne va pas s'arranger !

MERCI BERNARD !

Le docteur Bernard Geberowicz est psychiatre et thérapeute familial. Colette Barroux est rédactrice en chef de la revue *L'École des parents.* Ensemble, ils ont conçu, en tout bien tout honneur, si, si :

Le baby-clash : le couple à l'épreuve de l'enfant, aux Éditions Albin Michel, collection Questions de parents.

En voici un extrait (en espérant, charge de revanche oblige, que Bernard et Colette n'hésiteront pas à me faire à leur tour un peu de pub dans leur prochain ouvrage. Entre grands spécialistes de l'enfance et du couple, il faut savoir s'épauler) :

« Le nombre de couples qui explosent en plein vol à l'arrivée du bébé ne cesse d'augmenter, je le vérifie chaque jour en consultation. Ça se passe rarement pendant la grossesse ou au tout début (on est dans une logique de survie) mais plutôt aux deux ou trois ans de l'enfant. Quand on relève la tête, après avoir eu le nez sur le guidon, on s'aperçoit soudain que le couple s'est dévitalisé, qu'il n'y a plus guère d'intimité, de partage… Que l'on s'est éloigné l'un de l'autre. »

Pour vous dire, en 2014, il y avait 22% de familles monoparentales...

Lorsque l'enfant est tout petit, le couple de la famille, c'est lui et vous. On parle de dyade, c'est-à-dire du groupe mère-enfant, autrement appelé « couple d'allaitement », même lorsque vous n'allaitez pas mais guigozpremierâgissez[1].

Du coup, c'est difficile pour le Papa de se faire une place dans le duo que vous formez avec votre tout-petit. Il se sent parfois un peu exclu.

Par conséquent, faites de temps en temps de votre dyade une triade. Allez, quoi, laissez-le jouer avec vous !

Par exemple, faites-le participer à la tétée, en lui demandant de vous installer des coussins, de rester auprès de vous… Ou lovez-vous (car dans se lover il y a « love ») dans ses bras lorsque vous allaitez. Vous devenez le contenant. Il ne donne pas le biberon, il donne le sein de maman, un truc qui lui appartenait quand même un tout petit peu avant l'arrivée du bambin, après tout.

Et si vous n'allaitez pas, faites-lui conjuguer le truc du Guigoz à tous les temps, toutes les sauces, et tous les modes…

Mais dites-vous bien que ça ne va pas être facile-facile. Un enfant, ça prend de la place, dans la tête et dans la maison.

Un détail révélateur : la déco. Votre joli salon design ressemble désormais à un vide-grenier spécial crèches. Vous aviez le sentiment de vivre dans une page du *Elle Décoration*,

1. Guigozpremierâgir, verbe du 2e groupe.
Je guigozpremierâgis, vous guigozpremierâgissiez, faut-il que je guigozpremierâgisse ? Encore eut-il fallu qu'ils eussent guigozpremierâgi !

vous voici essayant de vous frayer un chemin dans le catalogue Joué-Club !

On ne peut pas faire trois pas sans entendre Sophie la girafe couiner, ou un minuscule camion de pompiers se mettre à hurler « pin-pon » mieux qu'un vrai… Sur l'étagère, les photos de Bébé (Bébé prend son bain, Bébé mange sa première compote, Bébé et son gâteau de 6e mensiversaire) ont peu à peu remplacé vos clichés de mariage (les Mariés s'échangent les alliances, les Mariés rient sous le riz, les Mariés et leur grande famille).

Dans vos placards, même chose. La layette avance, inexorablement, telle une insidieuse déforestation textile. Chemises et cravates n'ont plus qu'à se pousser, condamnées à se chiffonner. Et vous connaissez l'adage : « À cravate chiffon, homme grognon »…

Quant à vos froufrous, dentelles, et jarretelles, voilà bien longtemps, faute de place, que vous les avez offerts à Emmaüs. Prétextant que chez l'Abbé Pierre aussi, on a bien le droit d'être sexy.

Dans votre esprit, c'est un peu la même chose : une sorte de fouillis puéri-culturel, « culturel » étant ici un contre-emploi…

Rassurez-vous !

Petit à petit, « la folie des cent jours » passée (cent jours, cent jours et demi), votre couple va retrouver ses marques, et même s'organiser, si ça se trouve (je plaisante)…

Sur les conseils de vos amis bienveillants, vous allez organiser une petite soirée romantique, avec le smartphone posé sur la table du restaurant au cas où la baby-sitter (« Tu es sûr que cette fille est sérieuse ? ») appellerait, pour cause d'incendie, de tremblement de terre, ou d'invasion de diplodocus enragés...

Puis viendra le week-end en amoureux, avec la photo du petit posée sur la table de chevet, dans la chambre joliment tendue de moquette orange clair (réf. jaune abricot Ibis), avec un appel à Mamita toutes les heures (« Tu es sûr que ta mère est sérieuse ? »).

Jusqu'au jour où, ayant dormi plus de 6 heures d'affilée, vous serez prise au réveil d'intentions toutes coquines, et que vous vous surprendrez à penser « la crise est terminée ».

Et c'est là que…

C'est là que vous vous déciderez à faire un deuxième enfant.

RE-BONUS : IL ÉTAIT UNE FOIS… LA RÉVOLUTION.

« Un couple et un enfant, c'est la bulle
Un couple et deux enfants, c'est les boules ».
Voilà ce qu'elle m'avait dit, cette vague amie d'un vague copain, au cours d'une soi-même assez vague soirée.
Certes, elle avait deux fillettes. Certes, elle était tristounette. Certes, son mari ne semblait plus la connaître.
Mais est-ce que cela lui donnait le droit de me casser le moral sur l'air Jean-Gabinesque du « Maintenant… je sais » ?

Moi, j'arborais fièrement mon petit ventre proéminent de future multipare.
Multipare, la consécration ! Ça voulait dire qu'on s'installait vraiment dans la vie, qu'on formait une famille, une famille nombreuse même, si ça se trouvait…
Ça voulait dire que notre premier enfant était si réussi qu'on en fabriquait un second.

➲

Ça voulait dire qu'on faisait encore l'amour, et toc.

En plus, avec ce deuxième garçon qui s'annonçait, j'allais devenir la reine du monde (enfin de mon monde) et Chéri entraîneur de foot (deux joueurs, n'était-ce pas déjà, quelque part, une équipe ?).
Les « boules », et puis quoi encore ? Et la famille Ricoré, ce modèle en matière d'équilibre familial, c'était « les boules » peut-être ?
Et puis l'enfant parut, et le cercle de famille d'applaudir et tout ça…
Tout le cercle de famille ? Non ! Car un petit bonhomme se mit à résister assez efficacement à l'envahisseur. Un petit bonhomme à qui l'on avait annoncé que désormais il s'appellerait : « l'aîné ».
Et pourtant, ce n'était pas faute d'avoir positivé l'événement à grands coups de littérature enfantine : *Chic un petit frère ! Youpi, y a un bébé à la maison ! Qu'est-ce que c'est bien d'être un grand !*
Alors que lui, les livres qu'il aurait souhaités, ç'aurait plutôt été : *Dégage le nain ! Au secours mes parents sont lourds…*

Être parent une deuxième fois, concrètement et sans langue de bois, c'était reprendre goût aux tétées de la nuit, au dodol'enfant-do-et-que-je-te-berce-et-te-promène-à-me-tuer-ledos, au cacakicolocucul, aux 30 ml d'eau pour une cuillerée rase de poudre, etc., etc.
La même chose que la première fois, me direz-vous ? Oui, mais sans les temps de repos…
Car pendant que « le deuxième » faisait la sieste, nous consacrions notre énergie (ou ce qu'il nous en restait) à convaincre « le premier » qu'on l'aimait, qu'on l'aimait, qu'on l'aimaiiiit !

Par conséquent, finies les siestes crapuleuses du samedi après-midi.
Finis les petits câlins d'après le film à la télé. De l'orgasme ou du sommeil, nous choisissions de nouveau… le dodo. Morphée 1, Cupidon 0.
De toute façon, équipe de foot ou pas équipe de foot, il n'était pour l'instant pas question, MAIS ALORS PAS QUESTION, de faire le « petit troisième » !

Car malgré le temps gagné sur le « tagazou », nous restions (je restais) plutôt débordés(e). Deux fois plus de bains à faire couler, deux fois plus de biberons à laver, deux fois plus de petits ongles à couper, deux fois plus de nez à essuyer, et… de maladies à soigner.
Bronchiolites, otites, gastro-entérites, autant de « maman-bobo » généreusement partagés. Car en matière de virus, l'enfant, il faut le savoir, est extrêmement prêteur.

Du côté des amis, nous sortions bien moins, il est vrai. Moins et… moins longtemps. Il faut dire qu'après la soirée, il y avait encore la baby-sitter à raccompagner, et que le lendemain, dès 7 h 30, fallait assurer. Un enfant peut, par miracle, vous offrir la grâce d'une grasse matinée. Deux enfants, NON. Le concept de famille est peu compatible avec celui de gueule de bois, c'est un fait.

Mais finalement, combien pèsent-ils, ces déplaisirs minuscules, à côté des dimanches matin cocooning, des adadas sur mon bidet, des petites bêtes qui montent qui montent, des baisers prouts, des fous rires édentés, et des « encore, encore ! » ?

Que valent-elles, toutes ces nuits blanches et paracétamolées, à côté de ces instants où nous sortons devant nos collègues (perclus d'admiration, ou en tout cas polis), la photo (LES photos) de NOS enfants.
Deux enfants, finalement, ce n'est pas que d'la balle, mais c'est loin d'être les boules. Ainsi parlait Mamantoustra…

CHAPITRE 4

La Maman est une personne... séduisante (draguez-nous !)

« Vous êtes la baby-sitter...
Nooooon ? Vous êtes la mèèère ? »

Un monsieur, au rayon surgelé du supermarché.

Il n'y a pas qu'avec *nos* hommes que nos rapports changent une fois que nous avons enfanté.

Avec les hommes aussi, les hommes en général, ce n'est... plus tout à fait comme avant.

Et pourtant, si nous sommes mères, nous n'en sommes pas moins femmes !

Aussi, pourquoi se croient-ils obligés de s'excuser lorsque, nous ayant appelé « *Mademoiselle* », ils avisent le nez coulant des enfants accrochés à notre jupe ?

Pourquoi essaient-ils de corriger leur erreur d'un prétendu respectueux mais finalement bien peu courtois : « Oh, pardon, *Madâme* ! »

Madâme ! Et pourquoi pas « *Ma Vieille* » ?

D'abord, qui leur dit que ces enfants sont les nôtres ? On peut les avoir empruntés (à leur décharge, reconnaissons que ces petits étant magnifiques, ils ne peuvent appartenir à une autre)…

Et puis, pourquoi ne serions-nous pas « *demoiselle* » après tout ? Faut être mariée pour avoir des enfants ? Première nouvelle !

À moins que ce ne soit une allusion (bonjour la délicatesse !) à notre virginité perdue. Pour tout homme qui se respecte, « *qui ne saute pas n'est pas lyonnais, nais* », et « *qui a des enfants n'est donc plus vierge, vierge* ».

Ça ne veut rien dire ! On peut avoir des enfants et rester vierge. Oui Monsieur ! On a connu des précédents !

C'est quoi ce scepticisme ?

Parallèlement à ces – osons le dire – vrais-faux *gentlemen* (ou faux-vrais goujats), il existe des hommes étonnants que notre maternité semble au contraire exciter.

C'est ainsi que Delphine, jeune maman de deux enfants rapprochés, s'est vue un jour frôler la main, alors qu'elle essayait allègrement d'imposer sa poussette double dans la file d'attente du marchand de légumes.

L'avait-on prise pour la nounou, la jeune fille au pair, prête à développer son apprentissage du français sur le canapé de ses patrons pendant les heures dites « non responsables » de la sieste ?

Le monsieur souffrait-il d'un syndrome du canal carpien, maladie l'amenant à des gestes inconsidérés ? En effleurant sa main, n'était-ce point en fait les brocolis qu'il visait ?

Ou bien était-ce un grand pervers, fantasmant sur les pulsions potentiellement adultérines de cette jeune mère, délaissée par un mari qui n'aurait plus vu que la matrice en elle ?

Personnellement, connaissant la couleur incroyable des yeux (vert bigorneau) de Delphine, je pencherais plutôt pour cette solution.

Et comme elle, je trouve cela à proprement parler scan-da-leux…

Alors, évidemment, certains diront que nous ne sommes jamais contentes, que nous voulons le lait, l'argent du lait, et le compliment du vacher…

Ce n'est pas tout à fait faux. Mais cela fait aussi notre charme…

Parlons de moi, par exemple. Un sujet on ne peut plus intéressant. Surtout pour ma mère.

Hommage à elle, elle est la seule à apprendre mes livres par cœur… Enfin, ce n'est pas un reproche que je vous adresse, je comprends que vous ayez autre chose à faire (mais ma Mamoun aussi, si on va par là).

Bref…

J'ai découvert, il y a quelque temps, que dans mon quartier, certains commerçants m'appelaient « *la Petite Maman* ». Vous me comprendrez, les filles, si je vous avoue que je ne sais pas si cela m'a fait plaisir, ou pas.

Certes, il y a une certaine tendresse derrière cette expression. Mais n'est-ce pas réducteur ?

– Derrière ce bonsaï de la maternité, arc-boutée sur sa poussette, un enfant *sous,* un enfant *sur* la capote (j'ai failli breveter l'invention, mais la poussette s'est écroulée),

– derrière tous ces sacs de courses débordant du filet,

– derrière ces cintres du pressing,

– derrière ce gyrophare, et derrière cette pancarte « convoi exceptionnel »,

n'y a-t-il pas… que sais-je ?

– un top model…

– un prix Nobel…

– une Girl Blue belle…

qui sommeille ?

« Tiens, voilà la Petite Maman »…

Et pourquoi pas : « Ciel, voici la Grande Écrivaine » ?

Ou (au pire) : « Hourra ! Voilà la Sculpturale Mme X ? (*X* étant mon nom de femme, et *Sculpturale* mon deuxième prénom).

Alors « K'es ki faut f'R ???? », nous textoteront les hommes...

Eh bien, il faut nous draguer.

Nous draguer *gentiment* !

Nous draguer *respectueusement !*

Mais nous draguer *vraiment* !

Les garçons, draguez-nous ! Draaaguez-nououous !

Certes nous sommes désormais des mères.

Certes nous trouvons cela extrêmement épanouissant.

Changer les couches, donner les bains, sécuriser les prises électriques, jongler avec les antibiotiques, déposer une petite noix de beurre sur la purée, négocier un rangement de chambre contre une sucette, autant de plaisirs et de bonheurs minuscules...

Mais...

Mais il ne nous est pas complètement désagréable d'être prise, une fois de temps en temps, pour ce que nous sommes – encore finalement – tout au fond de nos êtres : des femmes.

C'est un fait : nous n'avons plus un utérus de jeune fille.

Mais, à part ça, on a de beaux restes, non ? Draaaguez-nououous !

Rappelez-vous la chanson féministe de Nougaro : « *Que c'est beau les mains d'une femme dans la farine.* » Et les mains d'une mère pleines d'éosine alors ? C'est pas sexy ?

Aussi, lorsque vous nous voyez passer, ahanant, tractant d'une main notre poussette, remorquant de l'autre un enfant qui n'a pas envie de marcher, je ne sais pas, moi, sifflez-nous...

Ou alors faites ce truc, là, celui qui nous énervait tellement, autrefois, lorsque nous avions la cuisse nerveuse et la hanche gracile : *ppppiou, pppiou, ppppiou…*

Et laissez-nous le plaisir de protester : « *Ça va, hein, je ne suis pas un chat ! Et arrêtez de regarder mes fesses.* »

Draaaguez-nououous !

Et qu'est-ce que ça peut faire, un peu de morve sur un pull-over, un peu de vomi sur un jogging ? Qu'est-ce qui vous dit qu'en dessous, nous ne portons pas des dessous à croquer la fortune, à décroisser la lune, à bouffer les haubans ?

Peuh ! Nous aussi on a une Mc Laren !

Ce n'est pas parce qu'on affiche la marque de l'élastique de notre culotte Petit Bateau (deux bodies achetés, une culotte offerte !) qu'on ne porte pas un string en dessous, voire… une guêpière. Un peu d'imagination que diable !

Que voulez-vous à la fin ? Qu'on devienne de pauvres femmes aigries ?

Regardez dans quel état vous nous avez mise Camille, par exemple !

Camille qui, un beau jour, envoya cet e-mail à la chroniqueuse télé que j'étais[1] :

« Bonjour. Jeune maman d'un petit Thomas qui a 5 mois, j'ai encore à perdre quelques kilos de ma grossesse et je désespère car je n'y arrive pas. C'est pourquoi je vous demande conseil. Après deux enfants, vous êtes parfaite. »

Vous ne croyez pas que c'était un peu normal, après seulement 5 mois, qu'elle ait encore quelques kilos en trop, Camille ?

Qu'est-ce qui se serait passé si je n'avais pas été là pour lui dire qu'il lui faudrait au moins un an pour retrouver sa ligne ? Et que ça ne reviendrait jamais tout à fait comme avant ? Que les jeans qui lui allaient si parfaitement autrefois, elle aurait beau mincir, faire du sport, mettre des crèmes, ils ne retrouveraient jamais complètement leurs marques ? Qu'ils pocheraient, bâilleraient, s'ennuieraient sur ses fesses, ses sexy jeans d'antan !

Camille, elle était comme vous autres, les hommes, prête à croire tout ce qu'elle voyait à la télé. Des filles qui faisaient mettre des filtres sur les caméras pour paraître plus jolies, des femmes-troncs qui feraient bien moins les fières si on leur demandait de se lever, des toxicos du palpé-roulé et du

1. Émission Les Maternelles sur France 5, à l'époque où on éclairait encore le plateau à la bougie…

régime protéiné, et dont pourtant le ventre continue de faire tôle ondulé.

N'empêche : draaaguez-nououous !

Draaaguez Camille !

Mais attention, ne vous attendez pas à quoi que ce soit. Nous sommes fidèles, nous, Messieurs, profondément fidèles.

Non mais ! S'attaquer à une mère de famille !

Obsédé va…

Draguez-nous…

Deuxième partie

TU SERAS UNE MÈRE, MA FILLE…

Voici le moment pour nous de prendre des gants, de marcher sur des œufs, d'y aller à pas de loup.

Chaussons les patins de la diplomatie. Sortons les parapluies de la susceptibilité ! Enfilons les capotes de la prise d'ombrage ! Et allons-y mollo, allons-y trémolo, car, oui, voici le moment de parler de nos mamans et… de nos belles-mamans.

« Bonjour le lieu commun… », se diront certains.

« Stéréotype, quand tu nous tiens ! », enchaîneront les autres.

Il n'en demeure pas moins que, une fois que nous avons nous-même un enfant, avec les mamans, ça n'est pluuus comme avaaant !!!

En effet, vous n'êtes plus leur fille, vous n'êtes plus leur bru, vous êtes celle par qui elles sont devenues grands-mères. Tout comme les divorcés parlent du « papa de leur fils » ou de la « mère de leur fille », vous êtes, dans leur esprit, désormais, la « maman de leur(s) petit(s)-enfant(s) ».

Ça n'empêche pas les sentiments ! Mais, il est vrai que ça les complique souvent.

« Je n'ai aucun problème avec ma belle-mère !!!!!! », m'affirment toutes mes amies quand j'évoque le sujet.

Vraiment ? Quelle chance !

« Mais bon, c'est vrai que… »

Et là, je sais que je peux mettre de l'eau à chauffer pour le thé…

Mettons-nous à leur place. À celle de notre mère pour commencer.

Imaginez le choc pour elle, à la maternité. Hier encore, c'était elle qui le tenait, ce tout petit bébé. D'ailleurs, elle nous a apporté les photos : ce nourrisson un peu jauni, avec le bonnet entouré de duvet de cygne, c'était nous ! Oui, bon, normal qu'à quelques heures, on n'ait pas encore trouvé tout à fait notre style…

Et cette Madone, cette Vierge à l'Enfant au sourire épanoui, à la liseuse en mohair rose, c'était elle ! Elle, à notre âge…

Oui, c'était hier. Enfin, surtout pour elle. Et la voici soudain face au fruit des entrailles du fruit de ses entrailles. De quoi être perturbée…

Quant à votre belle-mère, elle aussi est quasi aux frontières du transfert. Maman ou belle-maman, cet enfant n'est-il pas une petite part d'elles-mêmes ?

Pourquoi autrement s'amuseraient-elles à jouer au grand jeu des ressemblances. Tels des Jedi de la génétique, telles des bonnes fées de l'hérédité, les voici qui dégainent leurs premières petites phrases, leurs premières réflexions qui viennent nous agacer :

« Il gardera les yeux clairs de son père... »

« Elle a le nez de ma grand-mère… »

Vous, vous trouvez surtout que ce bébé ressemble à un bébé, et même, avec ses yeux bouffis, son nez écrasé, son teint encore foncé, à un Cassius Clay miniature. Elle faisait de la boxe, la grand-mère ? Et c'est si grave s'il a vos yeux marron, vos jolis yeux de cochon ?

C'est comme si chaque famille tentait de retrouver, dans la morphologie du nouveau-né, l'empreinte de sa lignée, le label de sa famille… S'il a les oreilles de Tonton Lucien, il ne peut être le fils du facteur, se dit la belle-famille. Estampillé, le bébé ! AOCisé ! Les O'Timmin ont un gros nez, les O'Hara ont de grandes oreilles, et les vaches de Lucky Luke seront bien gardées[1].

Évidemment, tout cela relève de l'inconscient. Tout comme reste sous-jacent le sentiment des grands-parents de « se prolonger » grâce à la naissance de ce bébé. Chaussons roses ou chaussons bleus, chaque nouveau-né est en puissance le tout dernier des Mohicans. À chaque maternité, une génération de gagnée...

Il n'empêche, ces séances de morpho-généalogie au-dessus du berceau vous énervent. C'est votre enfant, votre bataille, il serait temps qu'ils s'en aillent. Oh, oh, oh !

Et ce n'est qu'un début. Bientôt viendront les réflexions telles que :

Il est suffisamment couvert ?

T'as assez de lait ?

Pas trop dans les bras !

Faut le laisser pleurer, il fait ses poumons...

Autant de petites phrases (« anodines », prétexteront-ils, « si on ne peut plus dire ce qu'on pense ! ») qu'avec votre passé de petite fille, vos doutes de jeune mère, votre susceptibilité de bonne ou de mauvaise bru, vous traduisez par : « Tu-ne-sais-pas-y-faire. »

C'est un fait : un enfant vous lie à jamais à son père mais AUSSI aux familles. La vôtre. Et... l'autre.

Vous leur devez leur descendant. Même en cas de divorce ou de séparation, et tant qu'il n'existe pas de problèmes particuliers, il est convenu aujourd'hui que pour le bien de l'enfant, il est bon de préserver la relation avec ses grands-parents.

---

1. Note aux Lucky Lukophiles déficients : souvenez-vous de cet album hilarant, Roméo et Juliette version Far West : *Les Rivaux de Painful Gulch*, premier album de Lucky Luke officiellement signé par Goscinny, et sorti chez Dupuis en 1962.

Selon une enquête réalisée il y a quelques années par une marque de café à l'occasion de la fête des grands-mères (une opération marketing destinée à nous fâcher avec les générations précédentes, comme si ce n'était déjà pas assez compliqué de se souvenir des anniversaires), 80 % des enfants aimeraient passer plus de temps avec Papy et Mamie. Et pourtant la moitié des grands-mères verraient déjà leurs tout p'tiots au moins une fois par semaine. Preuve qu'on n'est pas si psychorigides que cela, après tout.

Il faut dire, aussi, que, parfois, la présence des grands-mères nous arrange.

La crèche refuse de lui donner ses antibiotiques ? Allô, Mamie Monique !

Il y a une grève prévue par le corps enseignant ? Au secours, Mémé Fanfan !

Vous avez un besoin urgent d'un week-end en amoureux avec Chéri ? On va appeler Nannie…

Toujours selon notre fameuse enquête bien-pensante fleurant bon le café, 30 % des enfants de moins de 3 ans dont les mères travaillent seraient gardés, tout au moins partiellement, par leur grand-mère. Alors, dans la mesure où nous sommes bien contentes de les trouver de temps en temps, peut-être (peut-être ?) serait-il bon de nous montrer un petit peu tolérantes…

Après tout, comme elles se plaisent régulièrement à nous le rappeler, elles en ont élevé avant nous, des enfants.

Certes, on pourrait être tentées de répondre : « Oui, mais c'était pas les miens ! » ou « Certes, mais cela n'a pas été qu'une réussite, jeum'comprends… » Mais… non.

Ravalons nos reparties. À aigreur, pas d'aigreur et demie ! En même temps, il y a des moments où cela sort tout seul, jeum'comprends…

Lorsqu'on fonde sa propre famille, il est évident que les relations avec les familles d'origine sont amenées à évoluer.

Les enfants sont devenus parents, mais leurs parents les voient toujours comme des enfants. Il faut du temps pour redistribuer les cartes du grand jeu des sept familles qu'est la vie. Comprends-tu, petit Scarabée ?

Déjà, tout le monde change de nom. « Maman », désormais, c'est vous.

À la naissance de mon fils aîné, j'ai moi-même mis un ou deux jours à m'adresser à mon bébé en tant que mère. Au lieu de lui murmurer tendrement : « Tu es bien dans les bras de Maman ? », je m'entendais lui dire : « Tu es bien dans les bras de Gaëlle ? », comme s'il s'était agi du bout de chou d'une amie ou d'un de mes énièmes neveux.

Dans le même esprit, on m'a raconté récemment l'histoire d'une jeune mère qui venait de se rendre compte que, depuis la naissance de sa petite, elle n'appelait plus sa propre mère que Mamie. Comme si elle niait son statut de « fille de », comme si elle-même n'avait plus de Môman...

Bien heureusement, le cumul des mandats est permis dans la sphère familiale. Tout comme on peut être fromage ET dessert, mi-figue ET mi-raisin, on peut à la fois être adulte ET enfant. Simplement, il faut souvent un peu de temps pour que chacun, à son niveau, organise ce grand chambardement généalogique.

Ajoutez à cela les histoires, les névroses, les casseroles bien accrochées aux basques de toute smala normale. Telle possède une tribu particulièrement envahissante, telle autre n'a pas réglé son Œdipe, telle encore n'a jamais digéré la naissance d'un petit frère... On n'a pas terminé de se construire (mais termine-t-on jamais, hein, petit Scarabée ?) que, déjà, surviennent de nouveaux problèmes. Problèmes consciencieusement abordés en Conseil des Copines. Ordre du jour :

« On se laisse trop happer par son clan »,

« Ma mère a l'air de trouver notre fille mal élevée »,

« Il n'y en a toujours que pour les enfants de sa sœur »,

et classique des classiques, marronnier des marronniers : « Avec qui passer les fêtes de Noël ? »

Ah, Noël ! On serait si bien avec les petits, sur une plage de l'île Maurice…

Mais non, c'était dinde aux marrons à Lens avec tes parents l'an dernier, ce sera bûche pâtissière à Châtenay avec les miens cette année. Les fêtes, les dimanches, les vacances se doivent d'être é-qui-li-brés. Une cuillère pour maman, une cuillère pour belle-maman…

Parce que, en plus, cela ne se passe pas toujours bien.

Faites le test, dites à une de vos amies : « On était chez les grands-parents ce week-end. » Elle vous répondra certainement : « Et… ça s'est bien passé ? »

Dans *Nous, les belles-mères*, édité chez Fayard, Christiane Collange écrit : « Quelles sont les premières femmes qui vous exaspèrent quand elles se mêlent d'interférer dans votre vie privée ?

Vos mères et vos belles-mères.

Les premières qui vous exaspèrent si elles ne respectent pas scrupuleusement vos propres habitudes et traditions ?

Vos filles et vos belles-filles. »

Et notez que, très souvent, cela ne sort pas du gynécée.

Maris, beaux-pères, veaux, vaches, cochons, s'abstiennent courageusement d'entrer dans la mêlée. Ils ne veulent rien entendre de ces broutilles, ces petites phrases, en un mot comme en cent « ces histoires de bonnes femmes » qui, mine de rien, savent nous meurtrir.

Se rendre malade pour une simple histoire de tétine, de bébé trop couvert, de diversification alimentaire, c'est ridicule… Sauf qu'à chaque fois, c'est un Hernani domestique qui se joue sous le toit. La querelle des anciennes contre les modernes. De celle qui ne sait pas qu'elle ne sait plus, contre celle qui croit qu'elle sait déjà…

Ouf !

Qu'il est difficile d'écrire un livre, quand on sait qu'il sera lu... par vos proches.
Ne sachant par quel bout démêler la pelote enchevêtrée que constituait cette partie sur les mères et sur les belles-mères, je me suis littéralement laissée imbiber par deux livres : *Nous, les belles-mères,* de Christiane Collange (déjà cité) et *Belle-mère, belle-fille : un mariage à trois*, de Lalie Walker, aux éditions l'Archipel. Ce dernier ouvrage m'aurait semblé écrit en chinois avant la naissance de mes petits, il prend une autre dimension à l'aulne de ma maternité... Merci Christiane, merci Lalie. Merci aussi à mes amies, mes connaissances, qui ont répondu à ma demande de témoignages sur l'air de « Je t'en parle, mais ça reste entre nous... ».
Quelle chance elles ont, de pouvoir demeurer dans l'anonymat !
En tout cas, Mamoun, Odette, sachez que même si parfois, dans les pages qui vont suivre, vous vous sentez visées, ce n'est pas du tout, mais alors pas du tout, à vous que je pensais !

Pour vous, jeune femme dont l'équilibre hormonal n'est pas encore tout à fait rétabli, c'est à chaque fois le sentiment de descendre d'un Grand Huit émotionnel, de sortir du tambour d'une machine à laver, programme essorage, linge sale en famille.

C'est j'existe.com chez votre mère, lâchez-moi.fr chez votre belle-mère.

De « C'est moi ton enfant » à « Ce n'est pas vous sa mère », votre nouvelle vie de femme vous semble parfois vous mener tout droit en maison de repos, service schizophrénie.

Parce que, si les deux vous énervent, force est de reconnaître qu'en matière de gestion transgénérationnelle, vous ne les notez pas pareil, votre maman et votre belle-maman.

Passif ou pas, adolescence difficile ou pas, une fille se rapproche un peu plus de sa mère lorsqu'elle devient elle-même une maman. Françoise Dolto affirmait même que certaines ne faisaient pas un bébé *à leur compagnon*, à leur époux, mais *à leur mère*. L'idée nous fait bondir, mais n'est-il pas vrai que nous confions plus facilement notre (notre !) enfant à notre propre Maman ?

Évidemment, cela ne signifie pas que nous sommes complètement aveugles face aux défauts de nos génitrices. Cela ne veut pas dire non plus qu'il n'existe pas de contre-exemples. Ainsi Céline, qui, dès qu'elle arrive chez sa mère, vide le frigo, en compagnie de ses sœurs, de toutes les denrées périmées, et se charge ensuite d'aller faire de « vraies » courses. Elle accorde peu de confiance à cette Mamie Bohème, et se dit bien plus rassurée lorsque sa belle-mère garde sa fille.

Cela dit, si la handicapée des dates limites de péremption avait été la mère de son mari, aurait-elle osé lui vider le frigo ? Dans le conflit comme dans la complicité, nos rapports sont souvent plus ouverts avec nos propres mamans.

Et si un jour, on avait le courage de tout mettre sur la table ? Mais on n'ose pas. Pourquoi ? Peut-être parce que, on est bien placée pour le savoir désormais, c'est extrêmement fragile, le p'tit cœur d'une Maman…

Mieux vaut, peut-être, laisser traîner ce livre…

Allez, c'est dit : un chapitre pour Maman, un chapitre pour Belle-Maman…

CHAPITRE 1

Maman, de mère en fille…

Quand nos fils et nos filles se mettent en couple, créent à leur tour une famille, une différence saute aux yeux : les hommes que nous avons mis au monde se ferment de plus en plus au dialogue avec nous, tandis que les femmes sorties de nos entrailles manifestent une propension à tout vouloir mettre sur le tapis…

Christiane Collange

On vous le dit, on vous le répète : toutes les mères ne sont pas parfaites.

Autant, vous, vous serez une « mère suffisamment bonne », autant votre mère, il faut croire, n'a pas trop assuré…

Comment ? Winnicott n'endosserait pas les conflits de génération ?

Sans forcément avoir grandi avec la Folcoche d'Hervé Bazin ou la Mme Lepic de Jules Renard, plus d'une femme aurait – paraît-il – des « trucs à régler » avec sa génitrice.

« Parlez-moi de votre mère… » finit toujours par susurrer ce cher Dr Toc-toc, alors qu'allongée sur le divan, vous cherchez désespérément (comme à confesse) ce que vous pourriez bien raconter :

« Heu, des fois, ma-môman, al'criait… »

Et quand l'analyse ne suffit pas, alors, on peut écrire… ou lire.

Dans la série, « tout sur ma mère », signalons :

Des phrases courtes ma Chérie, de Pierrette Fleutiaux,

L'Oiseau moqueur, de Sean Stewart,

Insecte, de Claire Castillon,

La Fille de sa mère, de Véronique Moraldi,

Mère-fille, une relation à 3, de Caroline Eliacheff,

Les Filles et leurs mères, d'Aldo Naouri,

Vivre avec elle, de Maryse Vaillant et Judith Leroy…

Un inventaire à la Prévert au doux parfum de règlements de comptes.

Le danger, avec ce genre de littérature, c'est qu'on finirait parfois par trouver des problèmes là où il n'y en a pas. C'est un peu comme lorsque vous achetez *Top Santé*. Dès l'édito, vous vous dites :

« Voilà ! C'est ça que j'ai ! »

Alors que la seule chose que vous pensiez avoir à reprocher à votre mère, intrinsèquement, c'était de trop saler les pâtes, vous finissez donc par vous demander : « N'était-elle pas trop protectrice ? Trop exclusive ? Trop…pinambour ? »

Non, nous n'avons pas, toutes, forcément des problèmes avec notre môman.

…

En revanche avec la grand-mère de notre enfant, c'est à voir.

Quelquefois, cela commence dès les premiers mois de la grossesse.

Tout comme certaines mères savent faire de votre mariage leur mariage, certaines arrivent à prendre votre grossesse en otage.

Si inviter à vos noces la vieille Tatan Monique (secrètement surnommée Tatan-qui-pique) n'avait pas représenté un trop gros sacrifice, passer neuf mois dans la robe en liberty rose qui vous a vous-même abritée comme fœtus vous semble soudain plus délicat. On bloque sur de ces détails, lorsqu'on est pleine d'hormones !

Certes, le coup de la robe-à-Maman, c'est une jolie tradition familiale.

Certes, votre sœur « n'a fait aucune histoire pour la porter » (quelle fayote, celle-là).

Certes, c'est extrêmement confortable (sauf que la vieille dentelle, ça finit par gratter).

Mais honnêtement, ça vous enchante « moyen » de passer vos dimanches fagotée comme une poupée Holly Hobby rondelette, à vous goinfrer de foie de veau (« pour ton fer »), de pruneaux (« pour ton transit »), et d'intrait de marron d'Inde (« pour ta circulation »).

On parle de couvade en ce qui concerne les futurs papas, mais il existe aussi quelques kilos dits « solidaires » du côté des futures grands-mères... Et même celles qui n'ont pas grossi, on les trouve parfois un peu lourdes.

Alors que je feuilletais un vieux *Paris Match* chez mes parents dernièrement , je tombais sur un article qui concernait Alice Dona. Personnellement, j'adore Alice Dona, et vous seriez étonné de m'entendre massacrer *Femmes, femmes, femmes* ou *Je suis malaaaade* dès que je me trouve dans les embouteillages (pour peu qu'il n'y ait que mes enfants dans la voiture). En l'occurrence, il n'était pas question dans le magazine des talents de chanteuse ou de compositeur (teuse ?) de la copine du beau Serge (tant de culture musicale dans une seule phrase !), mais de son statut de maman, et de grand-maman.

Que je vous explique : Alice Dona est devenue grand-mère à 43 ans, ce qui, convenez-en, est assez jeune pour une aïeule.

Voici ce qu'elle en raconte : « J'ai vécu la grossesse de ma fille dans une fusion totale. » Oups !

« C'est ainsi que nous avons vécu ces neuf mois comme une grossesse à deux ! » Re-oups !

« Quand la petite est née, j'avais l'impression incroyable (…) d'être mère encore une fois. » Triple-oups piqué !

Que je vous rassure maintenant : Alice a très vite retrouvé ses marques pour endosser son rôle de Mamie, enfin de « Lili » ainsi que l'appelle sa petite-fille (faut pas pousser Mémé, non plus).

N'empêche. Je me demande comment elle l'a vécue, sa fille, « la fusion totale ». Peut-être très bien, cela dit…

Ah ! Nos mères et nos viscères !

Selon Aldo Naouri, les deux seraient étroitement reliés par un fil invisible. Dans *Les Filles et leurs mères* (aux éditions Odile Jacob), il affirme même que le sexe de nos bébés dépendrait directement de nos rapports avec Mounette.

Une fille « en premier » serait un signe de soumission, face à notre Mère Toute-Puissante. Un garçon signifierait au contraire une profonde révolte contre cette domination.

Et les spermatos du monsieur, ils ont fait une enquête sur le passé de la dame ?

Vous imaginez les questions que peuvent se poser les femmes qui (comme certaines que je connais) ne font que des enfants du même sexe.

– Maman, j'attends encore un garçon, faut qu'on parle…

J'exagère ? J'ai mal compris ?

Lisez plutôt ce passage où Aldo évoque le cas d'une patiente :

« Elle avait fait quatre garçons (…) quelle insistance ! Avait-elle tant à régler avec sa mère ? »

Encore une fois : on est peu de choses…

Bon, admettons que ce soit maman qui, après avoir choisi ki-kon-devait-épouser, ait décidé de ki-kon-devait-enfanter.

La voici maintenant à la maternité.

Et là, c'est le choc : son bébé a fait un bébé !

Mais ne voilà-t-il pas qu'au lieu de s'occuper de vous, elle ne se préoccupe plus que du bout de chou, là, dans le berceau.

« D'accord, il est magnifique cet enfant, d'ailleurs c'est Moâ qui l'ai fait. Mais bon, il est où mon foie de veau ? D'où qui sont mes pruneaux ? » s'insurge la petite fille, qui a les boules en vous.

« Et pourquoi tu l'appelles mon bébé ? D'abord, c'est moi, ton bébé ! Et celui-là, il est à moi. Ce n'est pas un cadeau de fête des mères ! », carbure votre subconscient, de son côté.

Allô Maman, bobo…

On m'a raconté l'histoire d'une maman, qui, ayant assisté à l'accouchement de sa fille, avait refusé durant des mois de prendre le bébé dans les bras. Elle reprochait à ce petit être d'avoir trop fait souffrir son enfant, son enfant à elle.

Anecdote plus terrible encore : une maman qui avait tenu la main de sa fille alors que cette dernière accouchait d'un bébé mort-né, perdit tous ses cheveux dans la semaine qui suivit.

Ce sont des cas extrêmes, mais qui prouvent bien que filles et mères fonctionnent un peu (et malgré tout) en intranet…

Nos mamans sont souvent très inquiètes en ce qui concerne nos nourrissons. Se souviennent-elles de l'état de nos poupées et baigneurs ? Toujours est-il que, parfois, elles ne semblent pas nous faire confiance. Ridicule : ce n'est pas parce qu'on s'amusait à arracher les bras de notre Bella (elle nous avait désobéi !) que nous ferons de mauvaises mères...

Il faut dire qu'en matière de puériculture, on ne fait plus « comme avant », nos mamans (comme nos belles-mères) ont perdu leurs repères.

Tout d'abord, les enfants ne sont plus emmaillotés. Au contraire, on leur enfile des vêtements très libres, avec des couleurs, parfois, je ne vous dis pas...

Ensuite, il y a des cliniques où on ne les lave même pas, ou en tout cas, pas tout de suite.

On les couche sur le dos.

On ne leur met plus de couvertures, alors qu'« ils n'ont que le chaud qu'on leur donne ».

En revanche, on fait du « peau à peau ». Du quoi ? Du « peau à peau » : tout nu contre la poitrine de la maman et même parfois... du papa !

On les découvre quand ils ont de la fièvre.

On ne chauffe plus leur biberon.

Bref c'est « du grand n'importe quoi »...

La fille de mon amie Marjorie étant née en pleine canicule, elle avait décidé (avec son pédiatre) de donner le biberon à température ambiante.

En vacances chez ses parents, elle entendit sa mère râler contre « ces nouvelles modes » et susurrer au bébé : « Je vais lui donner du café froid, à ta mère, elle verra si elle aime ça ! »

Il faut comprendre cette dame : des années à chauffer le biberon au bain-marie, des heures à le passer sous l'eau froide... À peine s'était-elle habituée au micro-ondes qu'on lui disait de donner le lait froid !

Je ne saurais que lui donner ce conseil, emprunté à ma nouvelle meilleure amie, Christiane Collange :

« Quand vous allez chez vos enfants, dites-vous que vous atterrissez dans une autre civilisation. Vous êtes chez les Dogons, ou chez les Bambaras. »

Parce qu'on fait notre fiérote, comme ça, mais dès que notre maman émet un avis, le plus anodin soit-il, on le ressent comme un verdict.

Et c'est encore pire quand c'est notre belle-mère. Là, c'est le tribunal de guerre, les assises, le jugement par Contumace (sa copine).

Trop sévère, moi ?

C'est peut-être le moment de lui expliquer qu'elle est là pour pallier nos (très hypothétiques) excès.

C'est un fait, nous les Bambaras, nous n'avons pas toujours les mêmes valeurs que nos mamans... En ce qui concerne l'éducation, par exemple, on sent bien qu'elle nous trouve trop permissive, ou trop sévère, ou... les deux à la fois.

Pour elle, c'est tout bénéf' ! Qu'elle se serve de notre autorité (tarisme ? n'exagérons rien) pour se valoriser. Pendant que nous entretenons notre statut de sorcière haricots verts qui ne-sait-même-pas-c'qui-est-bon, elle peut endosser en toute sérénité sa panoplie de fée vraie purée. « D'ailleurs, pour te rendre encore plus crédible, Maman, je t'ai acheté un déguisement. Mais non, tu n'es pas ridicule ! Tu aimes tes petits-enfants ou tu n'aimes pas tes petits-enfants ???? »

Qu'elle fasse naître entre vos enfants et elle une complicité générationnelle. Genre : « Personnellement, Minette, je te laisserais bien piétiner, avec tes bottes Tchoupi toutes boueuses, le plaid en cachemire négligemment jeté sur le canapé en cuir blanc de tes bobos de parents, mais ta mêêêêre ne veut pas. » Les petites filles adorent jouer les Cendrillons. Et nous, tant que c'est « Mamie de notre côté », avouons-le, ça passe.

Bon, ça c'est quand la chienlit a lieu chez vous. Lorsqu'elle se déroule chez vos parents, c'est une autre histoire. Vous voici soudain plus laxiste. D'autant que le canapé, chez vos parents, il n'est pas en cuir blanc, mais en toile cirée. Et que la seule chose jetée négligemment dessus, ce n'est pas un plaid en cachemire, c'est Papy.

« Défoule-toi ma Puce. Chez Mamie, c'est permis… »

Le « Chez Mamie, c'est permis » peut toutefois vous jouer des tours, les enfants n'ayant pas toujours le sens de la frontière.

Aurélie, une téléspectatrice des Maternelles m'avait autrefois envoyé cet e-mail :

Chère Gaëlle (c'était une téléspectatrice très polie)

Comment faire comprendre à nos enfants, sinon à leurs grands-parents, qu'à la maison, il y a des règles de vie. Bizarrement, ils les oublient toujours en revenant de quelques jours de vacances chez Papy et Mamie. À chaque remarque de ma part, ma fille me répond : « Chez Mamie j'ai le droit. »

Je dois dire que le message d'Aurélie était arrivé fort à propos. Je venais pour ma part de récupérer mon fils aîné, abandonné toute une semaine chez ma Maman pour cause de maîtresse gastro-entéritée.

Quelques jours chez ma mère, la campagne, le bon air, les petites joues toutes rouges de bonne santé, les vraies soupes !

Désillusioooon !

Tout d'abord, je découvrais qu'à peine levé, mon fils avait pris l'habitude d'allumer la télé, oubliant du même coup de me dire « Bonjour Maman tu es la plus belle de toutes les Mamans », petit rituel mis en place dès ses 6 mois, les enfants ayant besoin de repères.

Ensuite, alors que, comme il ne cessait de me le répéter, il avait quand même « quakre ans », il réclamait son pot afin de l'installer devant le poste. Un pot qui prenait tranquillement la poussière derrière la porte des toilettes en attendant que son petit frère se sente prêt (ce qui, je l'espérais, et si l'on considérait l'inflation du marché de la couche, n'allait plus tarder).

La raison de cette régression ? En s'installant dans le « grand cabinet », il risquait de rater un bout de *L'âne Krokro*. Logique, non ?

Ma Maman, jointe au téléphone dans la foulée (« qu'est-ce que c'est qu'cette histoire ?) m'expliqua patiemment que le petit étant un peu constipé, elle avait jugé bon de le « laisser-prendre-son-temps-sur-son-pot-ça-va-y-a-pas-mort-d'homme ».

Ben voyons.

Et ça servait à quoi que je l'autonomise depuis des mois et des mois, mon petit ? Et qu'est-ce qu'elle allait dire, la maîtresse à l'école quand il lui réclamerait le pot sous prétexte qu'il était en train de coller ses gommettes (« une rouge, une bleue, une rouge, une bleue, continue la séquence ») et que courir aux WC allait le déconcentrer.

Même une maîtresse aux intestins fragiles comme la nôtre risquait de ne pas comprendre…

Et d'abord pourquoi était-il constipé, mon petit, avec toutes les bonnes soupes de légumes qu'elle ne manquait pas de lui faire ?

« À cause des chips, peut-être ? Il adore ça ! », me répondit ma mère.

…

Comme Aurélie, je trouvais difficile d'expliquer à une Nannie (qui voulait juste bien faire) qu'il existait un minimum de règles de vie, destinées à empêcher les jeunes enfants de sombrer qui dans la délinquance, qui dans l'obésité, qui dans les deux à la fois. (« Si, maman, faire caca devant la télé en mangeant des chips, ça donne des délinquants obèses, obèses et intestinalement pervers, qui plus est ! »).

Le mieux était donc d'expliquer à mon petit que :

– Oui, chez Nannie, on avait le droit de mélanger chips et bonbons.

Pourquoi les enfants adorent aller chez leurs grands-parents ?

– D'abord, chez Papy et Mamie, on y va en TGV. C'est une constante ! Prenez la grande littérature. Comment il y va chez sa mamie Petit Ours Brun ?
En TGV !
Comment il se rend chez Mammy Nannie et Papy Cha, Tchoupi ?
En TGV ! Avec doudou !
Et Anna Karénine, hein ? Comment... Bon, c'est une autre histoire.

– Deuxième avantage des grands-parents sur les parents : ils ont des noms en ette et en on : Odette, Ginette, Gaston, Léon. Papa et Maman, ils s'appellent Papa et Maman, comme tous les parents des copains. Super original !

– Chez Papy Gaston et Mamy Ginette, y a des DVD, une tablette en libre-service, la télé... Plus un tas d'appareils électriques qu'on peut dérégler et qu'il n'y a que Tonton Jojo qui habite Arcachon qui sait les réparer. Du coup, le radio-réveil sonne à 4 heures du matin, et 4 heures du matin, c'est une bonne heure pour jouer...

– Chez Papy et Mamie, y'a Papy qui fait la tête parce qu'à cause des DVD, il ne peut pas regarder « ses informations ». Alors pour le dérider, Mamie sert l'apéritif. Et qui dit apéritif dit : gâteaux salés !
À la maison, Maman, en apéritif, elle ne sait que servir de l'antibiotique en disant : « Mais si, c'est à la banane, tu vas voir, c'est très bon ! »

– Oui, chez Nannie, on n'était pas obligé de prendre son bain si on n'en avait pas envie (et en tout cas on ne se lavait pas les cheveux).

– Oui, chez Nannie, on buvait son bibi le matin, la zapette à la main.

Pourquoi ? Parce que Nannie n'avait qu'une peur : le contrarier !

Car qui dit enfant contrarié dit enfant qui réclame sa maman, et qui pleure le soir, et ça, c'aurait été trop dur pour le cœur d'une Nannie.

Il est certain qu'avec ce régime, mon fils (comme la fille d'Aurélie) ne risquait pas de s'ennuyer de moi. Et c'est seulement au moment de me retrouver, moi, sa marâtre adepte de la soupe de courgettes, qu'il risquait de pleurer.

Aurais-je été aussi tolérante, s'il s'était agi de ma belle-mère ?

Bien sûr !

Mais Aurélie, entre nous, je ne sais pas…

Ce qui me perturbait le plus dans l'histoire, c'est que moi, lorsque j'allais chez ma mère, j'étais obligée de manger des céréales aux fibres, et des jus de carotte épais comme de la bave de crapaud, sous prétexte que j'avais mauvaise mine (vous avez remarqué, dès qu'on quitte leur toit, on a beau s'enduire tout entière de poudre bronzante, les Mamans nous trouvent mauvaise mine).

Et cela m'amène à me poser une question :

En fait, on ne serait pas un peu jalouses des privilèges que NOS parents accordent à NOS enfants ? Des chips et des bonbons ! On rêve ! À notre époque, ils ne savaient même pas que ça existait !

Et pourquoi, à eux, on ne leur en faisait jamais, des pommes de terre au vin (beeerk) ?

Et pourquoi, eux, on les laissait jouer aux Playmobil à la neige et même que la baignoire, ce serait une piste noire ?

Et pourquoi, à eux, on ne leur disait pas qu'ils allaient la rayer, la baignoire, avec les skis des Playmobil ?

Et d'abord, c'est mes Playmobil !

Enfin ! Il est bon de se rappeler que, quoi qu'il arrive (et quelles que soient les régressions de votre enfant), il est important de ne pas se fâcher avec les grands-parents. Oui, même les autres, ceux du côté de son père.

Les grands-parents aident les enfants à se construire. La preuve, ils sont dingues de généalogie, nos petits ! Regardez-les fouiller dans les albums photos, et seriner Mamie pour savoir si vous faisiez des bêtises quand vous étiez petite.

Eh non, découper la belle robe de sa Maman pour jouer à Dalida, ce n'est pas une bêtise, c'est une, heu… licence couturière.

En attendant, si tu touches à mon jean Diesel à 300 euros, c'est la méga-fessée !

Barbie Mémé

Après Barbie Princesse, Barbie Sport, Barbie Pouf', la société Mattel avait lancé en 2003, aux États-Unis : Mamie Barbie et Papy Ken, deux très fringants sexagénaires.

Où étaient-ils auparavant ? On ne sait pas. Barbie était peut-être fâchée avec eux, ou ils étaient en croisière avec Jacques Martin…

Le brushing impeccable et les racines nickel, Barbie Mémé semblait tout droit sortie de Côte Ouest ou de Dynastie, le genre à aller au club de patchwork avec Joan Collins… Elle avait l'air sympa. Pas l'air d'avoir une toile cirée chez elle, mais sympa…

Était-elle la mère ou la belle-mère de Barbie ? vous demandez-vous…

Enfin ! On vous a expliqué qu'elle avait l'air sympa !

CHAPITRE 2

« L'autre » Grand-Mère...

– Elle dit qu'avec des antibiotiques, on n'aurait peut-être pas besoin d'elle, demain…
– Elle a fait médecine, ta mère ???

Campagne de l'Assurance Maladie, sur le thème :
Les antibiotiques, c'est pas automatique…

Si l'on était un peu honnête, on pourrait dire qu'on rencontre avec nos belles-mères les mêmes problèmes qu'avec nos mamans, l'affectif en moins…

Lorsqu'elles nous énervent, nous ne culpabilisons pas d'être énervées contre elles. Voilà pourquoi nous y allons parfois franco !

Quelle « saine colère » que la colère affine !
La colère quoi ? Colère affine.

C'est étrange, mais les adjectifs « affine » et « affin » ont une sonorité subrepticement sournoise. Comme si les relations « affines » (ksss ksss ksss) ne pouvaient être que tendues, vipérines.

TOI AUSSI, ENRICHIS TON VOCABULAIRE !

L'adjectif « affin » est un terme juridique, de moins en moins usité, s'appliquant à tout ce qui concerne les liens d'alliance.
« Tous les parents du mari sont les affins de la femme et tous les parents de la femme sont les affins du mari », dit le code pénal.
Je propose, pour ma part, de réhabiliter cet adjectif, et de l'inviter dans la vraie vie.
La choucroute rituelle, une fois par an, chez vos Alsaciens de beaux-parents ? Une choucroute affine !
Le dessus de TV en crochet orange tricoté par la Grand-Maman de votre Chéri ? Un dessus de TV affin !
Et moche, oui, aussi…

« À qui sont ces serpents qui sifflent sur nos têtes ? » disait Hermione à Pyrrhus, en lui parlant de sa mère .

« Du biau, faut pas l'laver » (ndt : « Du beau, il est déconseillé de le laver ») affirmait Cafougnette à sin copain. Établissant ainsi un merveilleux parallèle entre le beau linge et la belle famille (on est poète, dans le plat pays qui est le mien)…

François Mauriac, qui aimait les histoires de famille bien saines, a établi, dans son livre Génitrix, l'archétype de la belle-mère monstrueuse (Génitrix, une œuvre affine ?).

Lorsque vous le (re) lirez, vous vous direz que finalement, vous n'êtes pas si mal tombée. En toute honnêteté, votre belle-mère a-t-elle déjà essayé de vous tuer ? Je veux dire exprès ?

Non ? Nous sommes d'accord.

Très souvent, je vous l'ai dit, nous n'avons aucun problème avec notre Belle-Maman, tant que nous n'avons pas d'enfants. Parfois même, nous sommes vachement complices ! Une complicité mêlée, de sa part, d'un certain soulagement : la voici débarrassée de son grand Tanguy !

Plus de chaussettes à ramasser… Plus de Kelloggs (à son âge !) à prévoir au petit déjeuner…

Ouf, il va cesser de collectionner les « poufs » (ça, on ne peut pas dire que celle-ci soit très féminine…).

Ouf, il ne risquera plus d'attraper le sida (je me demande même si elle n'est pas vierge…).

Ouf, il n'est pas homo (quoique, avec le look androgyne de cette fille…).

Vient, ensuite, le mariage.

Enfin, vient, ensuite, *parfois,* le mariage.

Belle-fille et belle-mère portent alors le même nom. Eh oui !

Beaucoup de femmes ne se sentent investies dans leur rôle de belle-mère qu'au moment où surviennent les petits-enfants. De là à dire que dans chaque « maman charmante de », il y a une « belle-doche » qui sommeille…

On m'a raconté le cas d'une jeune femme dont la belle-maman, adorable jusque-là, avait commencé à devenir largement pesante dès qu'elle avait su que le couple « essayait »... Elle téléphonait régulièrement afin de savoir « où ils en étaient ». Elle appelait sa belle-fille évidemment, puisqu'il n'était pas question de déranger son garçon « à SON travail ».

La jeune femme, déjà stressée à l'idée justement de « ne pas y arriver », s'empêcha avec peine de répondre à cette importune : « Ça va, Belle-Maman, on a fait le missionnaire ce matin, la brouette japonaise hier soir, et une gâterie il y a une heure. Une gâterie, oui, je sais que c'est du chromosome de perdu, mais je ne suis pas qu'une matrice ! »

La trop pressée future grand-mère était pourtant percluse de bonnes intentions. Elle aurait été bien surprise d'apprendre que sa bru grinçait des dents à chacun de ses coups de fil.

Faut-il rappeler que dans belle-mère, il y a belle, dérivé du très latin *bellus*, soi-même dérivé de *bonus*, voulant dire « bon », « bienveillant » ?

À moins que ce ne soit un dérivé de *belli*, signifiant « guerre » comme dans *casus belli*...

Quant au mot bru, il vient de *bruth*, terme gothique signifiant « jeunes mariés ». De là à dire que toutes les belles-filles sont des bruths...

Le problème, c'est qu'il n'y a pas d'école de belle-mère. Ni de belle-fille d'ailleurs. Nous ne sommes pas préparées, et ceci depuis la nuit des temps. Les écoles de ménagères et *La Semaine de Suzette* niaient déjà les problèmes domestiques entre jeunes mères et belles-mères.

Et aujourd'hui, même *Marie-Claire*, même *Elle*, ces Cicérones du bien-vivre en tant que femmes, n'abordent que peu le problème.

Tout comme les fameux articles de fond « Perdre trois kilos avant le maillot » déclinés dès le mois de mai, il devrait exister au mois d'octobre une série de papiers : « Bientôt Noël, qui fait la dinde ? », « Comment réagir aux cadeaux de votre belle-mère ? », ou « Repas de Nouvel An ou re-make de Festen ? »...

Bref, de baigneurs en celluloïd en talons hauts (vive le féminisme !), on nous apprend à devenir femme et mère, mais nullement belle-mère. Imaginez que vous demandiez à une petite fille : « À quoi joues-tu donc, ma Chérie ? », et qu'elle vous réponde « À la Belle-Maman », vous appelez aussitôt le pédopsychiatre, non ?

Dans son livre *Nous, les belles-mères* (je ne sais pas si je vous en ai déjà parlé. Si ?), Christiane Collange, mère de quatre garçons (donc, quatre fois belle-mère) donne les principes de la parfaite (belle) grand-mère - casser sa montre et apprendre par cœur les dates du calendrier scolaire - téléphoner le moins possible et trouver les bons créneaux - pleurer en cachette...

De quoi frémir ! Serions-nous des monstres, nous, les bruths ?

Je réclame un droit de réponse, chère Cricri, au nom de vos quatre belles-filles et de toutes les belles-filles de la terre (qui, si elles voulaient bien se donner la main, etc., etc.) :

– Belles-Mamans, cessez d'avoir peur de nous.

Non, nous n'allons pas nous énerver parce que vous téléphonez à la mauvaise heure. Rappelez-vous : lorsqu'on a des enfants petits, c'est toujours la mauvaise heure.

Certes, nous paraissons stressées. Mais c'est peut-être... parce que nous le sommes. Vous êtes zen, vous, quand nous vous laissons les enfants et que nous vous appelons à l'heure du bain, ou du tournage de purée ?

– Belles-Mamans, ô Belles-Mamans, considérez-nous (un peu) comme vos filles. En gardant à l'esprit que nous sommes moins influençables que vos filles...

Collectionnez les petits gestes. Par exemple, ayez une photo de nous, mais une photo de nous, seule. Non, celle où l'on nous aperçoit, dans un coin, à l'atelier maquillage de la fête de l'école, ça ne compte pas...

– Belles-Mamans, Belles-Mamans chéries, on vous fait un cadeau de fête des mères (parce qu'on peut vous le dire, c'est bien nous qui nous en chargeons, pas votre fils), pourquoi ne pas nous en faire un, vous aussi ?

– Belles-Mamans, Belles-Mamans, les filles, faites-nous un peu confiance. Nous ne sommes plus des gamines. Et ce n'est pas parce que nous achetons de l'Eryplast en lieu et place de Mytosil, que nous renions les ancêtres.

– Belles-Mamans, vous êtes susceptibles ? De vraies petites boules de vulnérabilité ? Figurez-vous que nous aussi !

Donnez-nous de la reconnaissance. Offrez-nous de la légitimité. Et confectionnez un rond de serviette à notre nom, comme tous les membres de votre famille !

Voilà, voilà…

C'est souvent lors de la première visite à la maternité que tout se joue entre générations. Dans les relations affines, cette rencontre est même celle de tous les dangers.

Tout à sa joie de découvrir son petit-enfant, notre grand-mère flambant neuve oublie que, pour la jeune accouchée aussi, c'est une révélation. Sous sa chemise de nuit fantaisie, son petit cœur de nouvelle mère supporte mal qu'une autre femme puisse revendiquer le moindre gène de ce bébé, de *son* bébé.

Avant d'être moi-même maman, j'ai entendu ma mère faire état très souvent de sa sensibilité de belle-mère. Je me souviens notamment de sa peine alors que la femme de mon frère lui avait quasi arraché le bébé des bras, à la maternité. Aujourd'hui, je comprends ma belle-sœur, c'était un réflexe animal, l'une de ces fameuses réactions de Maman Lionne.

Encore que les Mamans Lionnes ne réagissent pas toutes de la même façon. Mon fils aîné étant né avec un peu d'avance, il se trouve que lorsque le travail commença, ma Belle-Maman était chez moi. Or, ce n'est pas du tout ainsi que j'avais imaginé le scénario. Dans le conte de fées que je m'étais raconté, je devais être seule avec Chéri. Après s'être évanoui de bonheur devant l'imminence de la naissance, il était censé aller chercher la voiture et me conduire triomphalement à la maternité.

Au lieu de cela, je vomissais à 5 heures du matin le bon gratin que ma belle-mère m'avait fait, et essayait de convaincre la Famille Sceptique Mère&Fils que, oui, j'allais accoucher, et que non, ce n'était pas une gastro.

J'accouchais donc (na !), et alors que je gagnais ma chambre (la 207), je découvrais que ma belle-mère et sa nièce préférée avaient pris possession des lieux avant moi... Une amie à qui la même chose était arrivée m'avait expliqué à quel point cela l'avait rendue furieuse. Eh bien... pas moi. J'avais juste l'impression d'être une reine. Impression renforcée lorsque ma belle-maman m'offrit un diamant, pour ce beau garçon que je leur avais fait.

Pour mon deuxième garçon, ma belle-mère (appelée à la rescousse pour garder mon fils aîné) arriva après la bataille, de manière plus traditionnelle. Elle avait avec elle :

- Mon fils, très excité (sinon heureux) de l'arrivée de ce petit frère.
- Sa petite-fille n° 1.
- Sa petite-fille n° 2 (qui avait menti sur son âge pour avoir le droit de monter).
- Et pas de diamant.

Tout ce monde + la température caniculaire (dont, je le reconnais, elle n'était pas responsable) + le fait que je ne l'aie pas vu se laver les mains (elle l'avait fait « dans les toilettes du bas », comme je l'appris ensuite) + mon refus que les petites prennent le bébé dans les bras... donnèrent une ambiance un tout p'tit peu tendue. Cette fois-là, l'équation ne prit pas.

Faut-il pour autant culpabiliser ?

Épuisée, je n'avais pas les moyens de « faire des efforts ».

Quant à elle, tout à sa joie de plaire à ses petites-filles, tout à son désir de préserver son petit-fils, elle nous oublia, le bébé et moi...

Le problème, c'est que les femmes, toutes les femmes, malgré les apparences, sont humaines.

Alors que je la cuisinais « légèrement » en prévision de ce chapitre, une de mes bonnes copines, elle-même maman d'un grand garçon et depuis peu grand-mère, m'a avoué qu'elle avait été passablement agacée lorsque son fils l'avait appelée de la clinique (« après avoir prévenu l'autre grand-mère ») et lui avait vanté le courage de sa femme au moment de l'accouchement. Jalousie féminine ?

On ne peut être une maman passionnée, à la frontière du fusionnel, et devenir une belle-mère parfaite.

Je vous ai déjà parlé de mon amie la Vierge Marie, je ne puis m'empêcher de me poser cette question : si les circonstances avaient été différentes, quelle belle-mère aurait-elle été ? On raconte qu'elle n'était pas trop fan de Marie-Madeleine…

L'important, finalement, serait peut-être que chaque belle-mère se souvienne de la belle-fille qu'elle a été, et que chaque belle-fille pense à la belle-mère qu'elle sera.

Personnellement, et d'ailleurs je préviens dès maintenant les gamines de 5 et 2 ans qui me lisent (ben quoi ?), je sais que je serai une épouvantable belle-mère.

D'ailleurs, j'ai déjà commencé.

Il se trouve que j'ai un fils aîné extrêmement gentil, incapable d'agressivité, le n'amour à sa maman. Et je me surprends quelquefois (oui d'accord, je me surprends souvent) à remettre en place des petites filles de son âge beaucoup plus dégourdies, plus dévergondées (oui, bon, beaucoup moins nigaudes aussi) que lui.

Des filles, quoi !

Dernièrement, c'était à la piscine. Mon fils faisait, il faut bien le dire, un peu le kéké, devant une lolita en maillot de bain deux-pièces-comme-Maman. Alors qu'il lui parlait, la gamine le regarde avec un grand mépris (mon fils, cet être quasi parfait, regardé avec mépris !), se retourne et me dit : « Je comprends rien à ce qu'il dit. »

OK…

Un peu plus tard (juste en dessous du plongeoir pour être précise), nous la retrouvons. Et la voilà qui se met à minauder (si, il faut bien le dire, elle minaude), et qui finit par lui demander : « Comment tu t'appelles ? »

Lui, correct, la voix claire, le regard franc (la classe quoi), lui répond : « Je m'appelle Milan. »

« Et toi, comment tu t'appelles ? », ajoute-t-il, l'esprit plein d'à-propos.

À cet instant, s'adressant une fois de plus à moi (genre « il est même pas assez intéressant pour que je lui réponde »), elle me sort : « Z'ai pas envie d'lui dire. »

« Eh bien lui, il n'a pas envie de jouer avec toi. » J'ai pris mon fils et nous avons changé de bassin.

Non mais...

C'est vrai quoi !

Mais nous nous sommes légèrement éloignées du sujet, les filles. On cause, on cause, on s'emballe.

Que faudrait-il donc faire lorsque nos belles-mères nous agacent au sujet de nos enfants ?

Il existe une phrase magique que toutes mes amies ont expérimentée. La voici :

Vous dites, avec le sourire, à « Mamie d'quoi j'me mêle » :

« Écoutez, Marie-Jo (Marie-Jo étant le prénom de la belle-mère par excellence), lorsque vous aurez des enfants, vous ferez comme vous le voudrez. Mais là, en l'occurrence, c'est ma fille et j'ai le droit d'en faire une future délinquante, une bonne à rien ou, pire, une adulte qui n'aime pas les haricots verts, si j'en ai envie.

Laissez-moi rater l'éducation de ma fille à l'aulne de ce que vous avez réussi avec votre fils. »

Le temps qu'elle comprenne si c'est une gentillesse ou une vacherie, vous avez devant vous quinze jours de tranquillité.

Il n'est pas dit – surtout si Marie-Jo manque d'humour – que cela détende réellement l'atmosphère.

Autrement, si vous désirez vraiment arrondir les angles, essayez de ne pas toujours commencer vos phrases par « La pédiatre a dit que… » et essayez un truc du genre « Que pensez-vous de l'idée de… ? »

Rien ne vous oblige ensuite à suivre ses conseils…

Parole de (future) belle-mère

On s'imagine qu'on a le temps de voir venir les chagrins d'amour, mais ils commencent bien plus tôt qu'on ne le croit…
Et moi, quand mon fils me dit « Dis maman, qu'est-ce que je dois faire pour que Léa, elle m'aime ? », eh bien, je fonds.
Je fonds et j'appelle la mère de Léa.
Et qu'importe si, pas plus tard que le lendemain, il me demande « Et Maman, comment je dois faire pour que Maï, elle m'aime ? »…
Il est Balance, on ne peut pas lui demander d'être complètement fidèle…
Cela dit, j'avoue que je suis assez ouverte sur le fait de prendre Maï pour bru. D'abord, c'est la seule petite fille que je connaisse qui ne soit pas habillée de rose des pieds à la tête. Non, parce qu'il y en a marre d'être entourée de Barbara Cartland de 1,02 m… De plus, Maï est brune. Pour la première fois de sa (certes courte) vie, mon fils flashe sur une brune. Une brune à cheveux courts en plus. J'adore Œdipe, ce mec avait tout compris à la vie…

CHAPITRE 3

Du Bonus !

Mettez deux mères de famille ensemble, au bout de quelques heures, elles parleront de…

De quoi ?

Des progrès incroyables de leur petit dernier, qui promet ?

Certes.

De l'avantage de l'anneau contraceptif sur le stérilet ?

Certes.

Mais aussi, mais encore, mais surtout… de leur belle-mère.

Qui de la belle-fille ou de la belle-mère a tiré la première ? C'est un peu le problème de l'œuf et de la poule. Un vaste débat que nous n'aborderons pas aujourd'hui. Même si j'ai ma petite idée…

En ce qui me concerne (et malgré ce que vous croyez, coquinettes !), je suis en excellents termes avec ma belle-maman. Pour preuve : elle m'a offert à Noël des charentaises et une chemise de nuit en pilou, de toute beauté ! Enfin de toute chaleur.

…

En fait, je crois qu'elle aimerait que son fils et moi cessions tout rapport sexuel. Vu ce qu'on fait de nos enfants...

Non, celles qui ont vraiment, mais alors vraiment, des problèmes avec la mère de leur homme, ce sont : Natacha, Véronique, Valériane, Anne-Sophie, Lucille, Patricia, Charlotte, Khadija, Héléna, Noémie, Émilie, Cécile, Marjorie, Pascaline...

Malheureusement, il se trouve que toutes, mais alors toutes, m'ont demandé de ne pas en parler. En tant que très intègre présidente des BFA (les belles-filles anonymes), je ne me permettrai donc pas de trahir leurs secrets. Dommage, si vous saviez tout ce que je sais !

Mais il se trouve que je suis également la très bavarde présidente de l'ABE, (associations des brus excédées). Ces dernières revendiquant haut et fort leur colère, je puis aujourd'hui mettre à jour quelques-unes de leurs lettres.

– **Vanessa et les « mules entêtées » :**

Chère Gaëlle,

Vous me semblez être la seule qui puisse répondre à mes soucis.

Voilà : je m insurge un peu en ce moment contre les grands-parents qui ont du mal à comprendre que – oui ! – la température d'une chambre de bébé doit être de 19°, et que – non ! – on ne met plus de couvertures ni d'oreiller dans les berceaux, même si c'est beau...

En matière de puériculture, il existe des publicités à la télé pour le vaccin ROR, mais pour le reste, aucun discours de prévention (à part dans les PMI, où les grands-mères se rendent rarement).

Il est donc parfois difficile de faire passer le message aux vieilles mules entêtées qui nous précèdent !!! Je suis d ailleurs en froid total avec la mère de mon conjoint depuis un an. Son excuse : elle a eu cinq enfants et ce n'est pas une jeune mère de 30 ans qui va savoir, mieux qu'elle, s'occuper d'un bébé.

S'ensuivait alors un petit paragraphe sur la propre mère de Vanessa, qu'elle voyait encore, même si elle la trouvait un petit peu border-line... Puis Vanessa terminait par ces mots :

Ah ! chère Gaëlle, je vous embrasse et vous remercie pour votre humour.

Parce que moi, elle m'aimait bien...

Le courrier de Vanessa m'ouvrit des perspectives. C'est vrai qu'une petite campagne de pub, qui aurait remis « les pendules à leur place », n'aurait pas été de trop.

Ou alors, carrément, une campagne sur le rôle des grands-mères ? Pourquoi pas ?

Cela aurait pu donner quelque chose comme ça :

« Un avis, ça va. Deux avis, bonjour les dégâts. »

« Grands-Mamans cools, des femmes qu'on n'oublie pas. »

Ou encore (sur le merveilleux air de l'ami Ricoré) : « Elle va bientôt la boucler, Mamie ou Mémé ! »

Malheureusement, l'Institut Légal de la Bonne Entente Familiale, contacté pour l'occasion, n'a pas retenu le projet. Si on ne peut même plus rigoler...

Pour le plaisir (comme le chantait si bien Herbert Léonard), offrons-nous une autre de nos lettres « soupape ». Dans le rôle de la Cocotte-Minute, cette fois-ci : Sabine.

– **Sabine et « Mémé Clopo » :**

Bonjour Gaëlle,

Pourriez-vous m'expliquer pourquoi, nous, les mamans, nous réfléchissons à deux fois lorsqu'il s'agit de laisser nos enfants à notre « jolie maman ».

J'ai toujours eu de bonnes relations avec mes beaux-parents. Mais lorsque mon premier enfant est né, j'ai ressenti une sorte d'appréhension, de grosse boule dans le ventre, chaque fois que ma belle-mère tenait mon petit bout dans ses bras. Elle ne cessait de lui agiter les bras en disant d'une voix suraiguë : « Non non, faut pas pleurer, on va aller voir les zazeaux et le waff waff. »

De plus, c'est une fumeuse. Rien que le fait d'imaginer son haleine de tabac froid sur le petit visage de mon bébé de 15 jours, j'en avais les poils au garde-à-vous.

Mon grand bonhomme a aujourd'hui 4 ans, cela va mieux. Mais pourquoi ai-je ce sentiment qu'elle attend que je m'éclipse pour pouvoir faire comme elle veut ?

Sabine

Celle-là, vous auriez presque pu l'écrire, non ?

Allez, une autre ! Voici un message que Ève, jeune mère d'une petite fille, m'avait envoyé par e-mail, afin que je le lise à l'antenne des Maternelles.

– **Ève et les prénoms en A :**

Je ne suis pas Blanche-Neige et ma belle-mère n'a pas (encore) essayé de m'empoisonner avec une pomme, mais depuis la naissance de ma fille, elle m'empoisonne la vie. Déjà, avant la naissance, j'avais des directives : si c'était une fille, il fallait un prénom de trois syllabes se terminant par un A. Pourquoi ? Parce que c'est comme ça pour toutes les filles de la famille. Donc pour lui faire plaisir, j'ai choisi Zoé !

Les réflexions sur la façon dont j'élève ma choupette, j'y ai droit continuellement. Exemple : « Tu lui donnes encore du lait en poudre ?! Ma nièce donne du lait de vache à son fils depuis longtemps ! », « Tu la prends trop ! », et enfin, la meilleure : « Tu l'allaites pour qu'on ne puisse pas la prendre… »

N'ayez pas peur de me citer à l'antenne, ma belle-mère sait combien je l'aime.

Ève, maman d'une petite Zoé de 15 mois.

En précisant son prénom et celui de sa fille, je crois qu'Ève souhaitait vraiment que sa belle-maman, elle-même adepte de l'émission (preuve qu'elle n'était pas si méchante), puisse l'identifier.

Malgré tout, ne souhaitant pas devenir la messagère d'une quelconque mésentente familiale, j'avais modifié tous les noms. Qui sait, la belle-mère en question avait-elle été persécutée, en son temps, par une horrible belle-doche ? Peut-être réitérait-elle des schémas traumatiques ? Par conséquent, si cette dame souhaitait ne pas se reconnaître, je lui offrais une échappatoire.

...

En même temps, la blague de « Tu l'allaites pour qu'on ne la prenne pas », elles n'avaient pas dû être des tonnes à la faire !

Au cours de ma longue carrière télévisuelle « d'amie des mamans », doublée de « formidable copine toujours à l'écoute », j'ai évidemment reçu d'autres témoignages, d'autres confidences, de belles-filles désespérées.

En voici un florilège :

– Ma belle-mère entre en pleine nuit dans notre chambre pour vérifier que le bébé dort bien.

– Ma belle-mère nous a fait une surprise : ayant emmené notre fille de 6 mois en courses avec elle, elle lui a fait percer les oreilles.

– Ma belle-mère a emmené mon fils chez le coiffeur. Résultat : on dirait qu'il sort d'Alcatraz.

– Ma belle-mère a fait une coupe à ma fille, sans me demander... Elle a désormais une espèce de frange ultra-courte, très moche. « C'est comme les ongles, ça repousse » m'a dit Mamita.

Je n'ai pas pu m'empêcher de lui dire : « Vous lui avez aussi coupé les ongles ? »

– Un jour, quand ma puce aura fini ses études de droit, elle épousera un beau et riche médecin, avec qui elle aura deux bébés : Clémence et Dylan. Et moi, je serai une super belle-mère.

– Depuis que j'ai accouché, je suis allergique au parfum de ma belle-mère. Il paraît que c'est une fuite du liquide céphalo-rachidien de la péridurale, mais je suis sceptique !

– Ma belle-mère a commis deux fautes graves à la maternité : porter mon fils alors que je n'avais pas pu le faire et l'embrasser pendant que je l'allaitais.

– Une fois par semaine, à cause du boulot, je suis obligée de laisser mon fils chez mes beaux-parents. Je le récupère systématiquement le lendemain matin, à 7 h, devant la télé, en train de manger une glace…

Ad libitum…

Pour conclure, je vous proposerai de récapituler les sujets qui fâchent. Vous comprendrez, vu l'ampleur de la tâche, que je n'aie retenu que les grands classiques. Voici donc les huit plus grands casus belli (et même belli-merum…).

1. Les nuits

Prendre ou ne pas prendre le bébé dans les bras, that is the question !

Il vient à peine de naître que les grands-mères demandent : « Il fait ses nuits ? »

Non il ne fait pas ses nuits, il a besoin de manger la nuit et cela tombe bien parce que nous, on a besoin de le toucher, de le voir, de le sentir…

De le prendre quoi… Pardon, de « trop le prendre », afin d'en faire « un capricieux ». Oui, exprès.

2. Le nombre de biberons

« Il est à combien de biberons ? Toujours six ? Mais il devrait être à cinq maintenant. Cet enfant est mal réglé. »

Mal réglé, mon enfant ? Mais ce n'est pas une horloge !

Puis, comme vous êtes influençable, au fond, vous doutez : « Ça y est, il est en retard, mon enfant va être un boulet, on va le refuser dans les grandes écoles, il ne passera pas le concours de Sciences Po… Je le savais, je n'aurais jamais dû manger tant de choucroute, ça lui a bousillé les neurones, ou en tout cas le neurone chargé de supprimer ce fameux 6e biberon ! »

3. La diversification

On donne des œufs « quand y'en a à la ferme », des fraises « quand c'est la saison des fraises », et du lait de vache parce que « c'est plein de calcium ».

« Allergies ? Qué alllergies ? », s'écrie la belle-mère.

4. L'alimentation

Votre enfant n'aime pas les petits bouts. Quand y a des petits bouts, il ne se régale pas. « Si tu ne le forces pas... », remarque sa grand-mère.

Elle veut donc dire que si votre fils refuse de mâcher à 11 mois, vous serez encore obligée de lui mixer ses aliments à 25 ans ? Eh bien, vous lui installerez un mixeur dans sa mini-studette ! »

5. Les dents

Pour certaines grands-mères, toute fièvre, toute diarrhée, tout bouton sur les fesses sont à mettre sur le compte de la poussée dentaire. « Il suffit de prendre un sucre et de le passer sur les gencives... »

Et devant notre air renfrogné, elles ajoutent, d'un ton pincé : « Oh, les méthodes de maintenant ! »

6. Le chaud, et le froid

Si une mère a déjà tendance à couvrir son enfant, une grand-mère, elle, a tendance à ultra-couvrir son petit-enfant. Même (et surtout) s'il a de la fièvre. Inutile de lutter. La seule solution : passer derrière elle.

7. Les habits

Les vêtements qu'on a tendrement préparés dans la petite valise pour les vacances chez Mamie sont toujours « trop beaux ». Ou en tout cas bien trop beaux « pour jouer dehors ». Mais alors, on en fait quoi du petit cachemire à 15 milliards de chez Bonpoint ? On l'expose ?

8. Le matériel de puériculture

Les grands-mères garderont toujours la nostalgie du landau anglais. Sauf que les grands-mères n'ont jamais essayé de prendre le métro avec un landau anglais…

En outre, les grands-mères ne comprennent pas qu'on grimace devant la belle chaise haute plastifiée orange et jaune qu'elles nous ont dénichée dans un petit vide-grenier.

« Quoi, tu la voulais en lin blanc ? » nous disent-elles.

Preuve que les grands-mères sont moins snobs, mais plus pratiques, que nous…

ET C'EST BIEN POUR CELA QUE, MALGRÉ TOUT, ON LES AIME ! (*)

(*) Mais si !

Troisième partie

MÈRE IN THE CITY...

Devenir mère, pour de très nombreuses femmes, c'est devenir adulte.

C'est un peu la phase ultime de l'accession au monde des grandes personnes.

Pour nombre d'entre nous, il existe en effet trois grandes étapes sur l'échelle de la consécration féminine : la première paire de talons hauts, la toute première fois où « c'est bon, c'est bon, ouiii, c'est bon ! », et le premier bébé.

Aussi, avant d'entrer dans le monde (plus reposant) des Scholls, des fauteuils Everstyl, et de Questions pour un Champion, nous comptons bien en profiter, de notre tout beau statut de Femme.

Évidemment, il n'est pas nécessaire d'enfanter pour se réaliser ! Qu'on ne me fasse pas dire ce que je n'ai pas écrit…

Seulement, les Mamans que nous sommes ne peuvent s'empêcher de penser que dans « procréation », il y a « création ». Et quand on n'a jamais été fichue de créer ne serait-ce qu'une écharpe au crochet, on a beau dire, on se sent fière.

C'est le syndrome bien connu du « c'est moi qui l'ai fait ».

Voilà.

Je suis une Mère, Je suis Quelqu'un, et Je sais où Je vais (en l'occurrence, au rayon petits pots de mon supermarché…).

Ah, les courses en tant que mère de famille ! C'est comme un couronnement, maintes fois répété…

Je me souviens de ma fierté à la vue de mes premiers Blédichef, mes premiers paquets de Pampers, mes premières boîtes de lait Guigoz défilant sur le tapis de mon bien-aimé Monoprix !

Mon Enfant, mes Commissions, ma Consécration !

Aujourd'hui encore, alors que je fais patiemment la queue, le vendredi soir, mon Caddie surchargé, j'ai envie de glisser à l'oreille de mes joyeux compagnons d'attente : « Vous avez vu ? J'ai acheté des petits-suisses ! Et un pyjama taille 3 ans ! Non, mais vous avez vu ? Je suis MAMAN ! »

Une amie pourtant assez âgée (ses enfants ont pratiquement 10 ans !) me confiait que, pour elle, c'était l'étendage du linge qui la gonflait de fierté.

À chaque petite chaussette épinglée, elle sentait, tout au fond d'elle, comme un accomplissement personnel.

Aussi, pourquoi les choses matérielles viennent-elles perturber notre sérénité maternelle ?

Au point qu'il vous arrive de penser en secret, bien qu'évidemment sans regret : « Oh la vache ! Qu'est-ce que c'était simple avant ! »

Les premiers à venir nous contrarier sont d'abord les objets. Et principalement les objets de puériculture.

Puériculture ? Puéritorture, oui !

Combien d'heures à s'énerver, combien de méninges esquintées sur des modes d'emploi compliqués !

Nous qui n'avions jamais touché un robot ménager de notre vie, dans la mesure où ça salissait quand même beaucoup moins de vaisselle d'acheter les carottes râpées de M. Martinet (à quoi ça sert que les traiteurs soient intraitables ?), nous voici devenues des pros du Baby-Cook.

Mais… à quel prix ?

Car si dresser du matériel de puériculture rend plus intelligent (c'est prouvé), cela use aussi.

Toujours est-il qu'il y aura désormais, pour nous, un avant ET un après pliage-de-lit-parapluie.

Souvenons-nous de notre première fois. La dispute à 4 heures du matin parce qu'il y avait un côté de ce p… de c… de lit de m… qui ne voulait pas céder. Et les copains hilares derrière nous : « Alors, vous voulez une scie ? »

Et l'autre, là, qui disait : « Marie-Lo, elle en a un, y a qu'à l'appeler. » Et alors ? Ce n'est pas parce qu'on a un Epilady qu'on est esthéticienne !

Puis est venu le temps où vous avez pu participer à des concours de pliage de lit-parapluie, devant de jeunes parents médusés et admiratifs qui espéraient vous ressembler, peut-être, un jour… Tandis que nous nous prenions à rêver à la catégorie supérieure : les attacheurs de siège auto…

Et je ne vous parle pas (enfin si, je vous en parle) des protections contre les coins de table, complètement inefficaces contre les bosses, mais qui, bien mâchouillés, font merveille en cas de poussées dentaires.

Congé de maternité : attention à l'ennui !

Et les trolleys à clipper derrière la poussette parce que l'aîné ne veut plus marcher ! Et pourquoi le fabricant ne fournit-il pas de prolongateurs pour nos bras ? Celles qui ont testé me comprennent…

Et ce 4e Télétubbie (Tinky-Winky, pour ne pas le citer) qui passe son temps à se cacher, alors que notre bébé ne PEUT pas sortir sans l'équipe au complet.

Et les capuchons de crayons-feutres qui disparaissent comme par plaisir ? Et les capuchons de biberons ? Pourquoi les marques n'en proposent-elles pas à l'unité ? Non, ce qu'elles vendent à part, les marques, ce sont les tétines de biberon. Tétines qu'on ne perd ja-mais ! Bon d'accord, on les change quand elles commencent à devenir vertes. Mais à ce moment-là, on est prête à racheter carrément un biberon. Tous les trois ans, l'investissement n'est pas si grand…

Et encore n'est-il ici question que d'objets.

Très vite, ceux que nous appellerons communément « les gens » viennent également nous contrarier.

Les nounous, les baby-sitters, qu'il faut trouver, puis préserver.

Les pédiatres auprès de qui décrocher une urgence :

– La petite ne fait rien qu'à hurler !

– Je peux la prendre demain midi. Là, avec les virus, c'est complet… »

À propos des pédiatres, lorsqu'on devient maman, on a très vite l'impression d'avoir mangé les pages pédiatriques du Vidal. On propose à sa pharmacienne (reconnaissante) de devenir la marraine de la petite dernière. On est prête, comme certaines que je connais, à patienter des heures dans la salle d'attente d'un homéopathe réputé, histoire de se faire railler lorsqu'il découvre la page vaccination de notre enfant. Et on ressort, un petit peu humiliée, mais avec l'ordonnance qu'on convoitait ! Du 9 et du 7 CH comme s'il en pleuvait !

On découvre combien certains actes élémentaires jusqu'alors (descendre dans le métro, aller au restaurant) peuvent devenir compliqués.

Ah ! La candeur de ces jeunes parents : « On fait tout comme avant. On l'emmène par-tout ! Elle ne bouge pas et s'endort comme une fleur… »

Attendez qu'elle marche, mes Chéris, et vous verrez comme elle sera sage, votre petite, sanglée dans sa belle poussette-canne…

À vous les gros soupirs, lorsque vous arriverez avec votre marmaille, dans le train, dans le resto, dans le bar ! Et ces râleurs, ces harpies, qui, vous sentant mal à l'aise, en remettant une couche !

Parce que si vous vous moquez de l'opinion que les gens ont de vous, il n'est pas question qu'ils jugent VOTRE enfant.

Insidieusement, inconsciemment, la jeune mère se met donc à fuir les endroits pour adultes : restos chics, les boutiques sympas, les expos bondées… Non pas qu'elle souhaite vraiment protéger ses enfants ! Les enfants adorent les accompagner le samedi chez Zadig et Voltaire, histoire de tripoter les cachemires avec leurs petites mains toutes grasses de Choco-BN. Non, il se trouve simplement qu'elle ne se sent plus très à l'aise dans les endroits pour grands…

Et c'est la déchéance : elle devient un pilier de square, une ciné(disney)phile, une pro du goûter d'enfants.

Elle connaît toutes les rondes : du « Facteur n'est pas passé » à « Dansons la capucine, youuu ! »

Elle jongle avec des sigles tels que Paje, Afeama, Aged, Ape !

Elle garde tous ses tickets d'attente, ceux de la Caf comme ceux du poissonnier !

Et le vendredi soir, cette ex-égérie du Palace, cette ancienne spécialiste du cinéma « post Gus Van Santien », appelle sa copine pour lui dire : « Vous faites quoi ce week-end ? Pique-nique au Parc floral ou manège au Jardin des Plantes ? »

Les squares, de la campagne en boîte

Dans les squares, il y a des bacs à sable avec des petites bébêtes sympathiques que vous retrouvez dans les intestins de toute la famille (toi aussi, étudie les oxyures).

Dans les squares, il y a des pigeons. Oh, les jolis zoziaux ! C'est rigolo les puces qui leur sautent sur le dos ! Eh, Donald Duck, t'en es où question grippe aviaire ? T'aurais pas éternué ? T'aurais pas un peu fauté avec un oiseau migrateur ?

Dans les squares, il y a des enfants. Beaucoup. Alors, on achète un ciré jaune pétard à son fils, histoire de le repérer de loin. Et toutes les autres mamans d'avoir la même bonne idée !

Dans les squares, il y a des Mamies qui crient à leurs petits-fils, à peine ont-ils posé un pied sur le toboggan : « Fais attention, tu vas tomber ! »
Et vous savez quoi ? Par égard pour Mamie, les gosses tombent. Voire, s'ils sont très respectueux, ils saignent aussi un peu.

Dans les squares, il y a des parents psychorigides : « Non, tu ne vas pas sur le pont de singe, c'est interdit aux moins de 6 ans et tu n'as 6 ans que dans quinze jours. » Le parent psychorigide ne prête pas ses affaires. Lorsque son gamin n'utilise pas son ballon, il lui garde son ballon. « C'est mon ballon ! » Alors que ce serait tellement plus sympa de laisser le ballon en libre circulation pour les enfants dont les parents n'apportent jamais de jouets.
Ben oui, c'est bon, là, c'est le 4e que je rachète…

CHAPITRE 1

Otites, gastros, et autres curiosités...

Cabinet médical..., bonjouuur. Toutes nos lignes sont actuellement occupées, veuillez rappeler ultérieurement. Tatatam (Symphonie n° 9. Beethoven).

Urgences médicales de..., bonjouuur. Nous vous demandons de patienter quelques instants. Merci de ne pas quitter. Lalala (Concerto pour 3 et 4 pianos. Jean-Sébastien Bach).

Vous êtes bien au cabinet du professeur... Pour améliorer la qualité de notre service d'accueil, nous vous informons que notre conversation peut être enregistrée. Poum poum poupoum (Symphonie du Nouveau Monde. Antonin Dvorak).

Nous allons donner suite à votre appel, Tatatam
nous allons donner suite à votre appel, Lalala
nous allons donner s...

Jusqu'ici, vous n'aviez rien, mais alors rien du tout d'une abonnée du stéthoscope. Vous vous permettiez juste un petit rhume une fois par an, histoire de vérifier que la salle d'attente de votre médecin de famille avait bien été réapprovisionnée en *Paris Match*.

Et puis, et puis, une fois encore… vous avez en-fan-té !

Le Vidal est alors devenu votre nouvelle Bible, et vous vous êtes mise à fréquenter autant le corps médical qu'un coureur du Tour de France (heu, pardon, qu'un coureur du Tour de France autrefois…).

C'est scientifiquement prouvé. À partir du moment où vous devenez Maman, deux numéros viennent s'inscrire dans votre cortex : celui de votre pédiatre et celui du Samu. C'est bien simple, dès que votre enfant tousse, le 15 se met à clignoter au niveau de votre complexe hypothalamo-hypophysaire. Et ceci à l'insu de votre plein gré, comme dirait un certain coureur cycliste (d'autrefois).

Il paraît que dans la première année de sa vie, un enfant vous fait – oui, parce qu'un bébé ne fait pas une maladie, il *vous* fait une maladie – un enfant, donc, vous fait en moyenne neuf maladies de la sphère ORL. Rhino-pharyngite, laryngite, bronchite, angine, otite, faites vos jeux !

Ajoutez à cela une ou deux petites gastro-entérites, et trois ou quatre grosses poussées de fièvre indéfinissables, diagnostiquées « virus, peut-être ? » par votre médecin, et « mal de dents, c'est tout » par votre mère.

À force, vous deviendrez vous-même une professionnelle de la maladie infantile. Vous irez donc chez votre pédiatre comme vous vous rendez au marché, réclamer votre ordonnance de Célestène ou d'Augmentin.

« Pas d'Orelox, souvenez-vous, ça lui donne des diarrhées. Ah, pendant que vous y êtes, vous pouvez me prescrire du Doliprane, je suis en fin de flacon. »

Vous brillerez auprès de vos copines moins expérimentées.

« Combien tu dis ? 40° ? Quel âge elle a, déjà ? 22 mois ? Bon, c'est la roséole ! ».

« Il s'écroule quand tu le poses par terre ? C'est un rhume de hanche. Typique chez les garçons. Oui, bien sûr, va à l'hôpital, mais bon, tu verras que j'ai raison. »

Mais avant cela, vous y serez passée, vous aussi, par les angoisses, les interrogations, les appels à SOS médecins, et les virées aux urgences parce qu'il a eu une glaire...

Et vous aurez constaté, vous aussi, que les bébés ont une fâcheuse tendance à aller mieux 5 minutes environ avant l'arrivée du médecin...

Eh oui ! Je me souviens :

Mon bébé avait pleuré toute la journée. Depuis quelques jours, je le trouvais triste, un peu « éteint ». Ma pédiatre étant injoignable, j'appelle un médecin en urgence. Au standard, je donne les tout premiers renseignements : « Il a trois mois... Non, il n'est pas livide... Oui, il a bu son biberon... Mais bon, il pleure quand même beaucoup. »

À l'autre bout du fil, la voix me demande alors mielleusement :

– C'est votre premier, Madââme ?

– Oui, c'est mon premier, ça ne l'immunise pas contre la maladie ! Si ?

La voix répond alors à mon agressivité intérieure :

– Bon, on va vous envoyer quelqu'un pour vous rassurer, Madââme.

– C'est ça, envoyez-moi un psy pendant que vous y êtes. J'ai trop regardé les émissions de Delarue, je suis atteinte du SMPP, le syndrome de Münchhausen par procuration : je veux que mon bébé soit malade. Ou alors c'est Urgences que j'ai trop regardé, et j'essaie de me faire George Clooney...

Le médecin arrive, et je lui fournis un accueil digne de Ghost Buster. Ne vient-il pas tuer les petits fantômes de mon inquiétude maternelle ? Mais voilà que le petit, *mon* petit, se met à lui faire tout un tas de risettes, décrédibilisant en trois cuillères à (petit) pot ma légitime angoisse. C'est vrai, on a beau dire, quand on fait risette, on ne fait pas malade…

Ne trouvant rien à l'examen, Ghost Buster suggère donc que moi, la mèèère, je suis un peu trop stressée, et que je stresse mon bébé.

Mais c'est bien sûr !

« Voilà jolie madââme ! Pour vous : une dose de culpabilité. Pour lui : une dose de Doliprane. Et pour moi : 54 euros… »

Une fois le médecin parti, mon dé-crédibilisateur de fils décide évidemment de reprendre une activité normale, à savoir : pleurer.

Le lendemain matin, à bout de nerfs, je rappelle un médecin.

Notez que je le rappelle – c'est important – à 6 heures moins 5, exactement (quand on ne dort pas la nuit, on est forcément matinal).

Or, 6 heures moins 5, c'est le tarif de nuit…

Cela n'empêche pas le médecin d'arriver à 8 heures, mais bon… Vous payez quand même la visite cinq milliards de dollars.

Ce n'est pas grave, me dis-je, la santé de mon enfant avant tout ! On mangera des pâtes…

Le médecin du jour (bonjour !) examine mon fils à son tour, et déclare : « Mais il va très bien ce bébé. Regardez, il me sourit. »

Ce n'est pas un sourire ça monsieur, c'est une grimace. D'ailleurs mon mari (qui n'est pas une mère castratrice, lui) le dit aussi : le petit est triste depuis plusieurs jours.

Le médecin nous fait alors comprendre qu'un bébé de 3 mois n'a pas vraiment d'humeur, qu'on ne peut pas savoir s'il est gai ou pas. Et surtout pas ses parents qui n'y connaissent rien en médecine mais qui sont persuadés d'avoir engendré un génie.

C'est alors qu'il écrit dans le carnet de santé :

Enfant tonique et souriant, la mère « parle d'étouffements ».

Le tout suivi de points de suspension, on ne peut plus éloquents.

Deux jours plus tard, alors que je m'étais persuadée que j'étais folle et que ce pauvre bébé n'aurait pas une enfance facile avec une mère mentalement déficiente, je me rendis chez ma pédiatre. Une visite programmée de longue date, en vue de vacciner mon petiot. C'est alors que la pédiatre me dit : « Je ne peux pas vacciner cet enfant, il a une otite carabinée. » Eh bien, croyez-moi, je fus profondément soulagée d'apprendre que mon fils avait les oreilles fragiles, plutôt qu'une mère cinglée…

Des centaines de Mamans, je le sais, ont vécu la même histoire, ou presque. Voilà pourquoi je me permets, en leur nom, de passer un message à certains médecins :

Messieurs (parce qu'il se trouve que, presque toujours, ce sont des hommes), lorsqu'une Maman dit « Mon bébé n'est pas comme d'habitude », c'est QU'IL Y A un problème. Et un problème chez le bébé, pas chez la Maman…

Au pire, que risquez-vous à nous prendre au sérieux ? On ne vous demande pas d'inventer un quelconque mal à notre enfant, mais de reconnaître notre inquiétude.

« C'est du malfoutisme de bébé. Faut attendre, ça va se déclarer » m'avait un jour dit un médecin de campagne on ne peut plus prosaïque. Du malfoutisme de bébé, voilà un discours qu'une Maman peut entendre…

Il est vrai qu'une maman « de l'année » a parfois tendance à psychoter. C'est ainsi que je me retrouvais un jour aux urgences d'Ambérieu-en-Bugey (urgences super-sympas s'il en est !) parce que mon bébé (mon premier, oui, bon !) avait eu une… glaire.

Oui, le coup de la glaire, c'est moi.

On me renvoya en me disant qu'en effet, mon bébé avait régurgité et que du coup, là, s'il hurlait, c'était… parce qu'il avait faim.

Le parfum de Sarah…

Sarah, un an, avait une forte fièvre depuis plusieurs jours. Ses parents, inquiets, décident de l'emmener aux urgences.
On ausculte la petite.
Rien.
Alors que le Papa rhabille sa fille, la Maman, se parlant presque à elle-même, déclare : « C'est quand même bizarre, elle ne sent pas comme d'habitude… »
Le chef de service qui passait dans le couloir à ce moment fit demi-tour et ordonna que l'on fasse des examens plus poussés à l'enfant : si une Maman avait un tel sentiment, c'est qu'il y avait quelque chose d'anormal.
On fit une ponction lombaire à Sarah. Et on découvrit… un début de méningite.

Une autre fois, alors que je pensais qu'on allait encore me renvoyer chez moi avec une ordonnance pour une camisole de force, on prit en charge mon petit sur-le-champ. Il se trouve que cette fois-là, oui, c'était grave : mon bébé se déshydratait. Et pourtant, cette fois encore, il avait souri en voyant les blouses blanches. Un petit sourire triste mais un sourire quand même…

Depuis, j'ai compris pourquoi mes fils (car le second a suivi l'exemple du premier) faisaient risette aux infirmières et aux médecins : quand ils seront grands, ils veulent être docteurs !

Mes fils y vont être docteurs !

Mes fils les docteurs, ça sonne bien…

Étrange. Ils ont pourtant été conçus dans les conditions les plus normales. En Bretagne, un premier janvier, sans chauffage, une chapka sur la tête, pour le premier. Classique. Et juste après un goûter d'anniversaire (les 2 ans de son grand frère) pour le second.

Dans les deux cas, il n'y avait aucun médecin dans les parages, et je n'étais même pas en costume d'infirmière…

Autre preuve que mes fils veulent faire médecine : ils testent par eux-mêmes un tas de maladies. Mon petit deuxième, par exemple, se spécialise dans tout ce qui concerne la sphère gorge-oreilles ! À 2 ans, non seulement il a choisi sa filière, mais aussi sa spécialité : il sera ORL ! Il a même réussi à faire inscrire dix-sept fois le mot « otite » dans son carnet de santé. Si ce n'est pas de la conscience professionnelle, ça, madame !

Par conséquent, je lui fais rencontrer toute sorte de spécialistes : allopathes, homéopathes, ostéopathes, enleveur-de-végétation-o-pathes.

Il n'y a que le maraboutage que nous n'avons pas encore essayé. Mais ça va venir. « Mon fils le marabout », ça ne sonne pas mal non plus.

Les z'opathes

Lorsque vous allez voir un spécialiste, il vous explique en général que vous avez tout faux. Oui, depuis le début.

« Vous l'avez fait vacciner ?!?! » s'exclame-t-il.

Ben oui… En fait, vous avez tout fait comme c'était écrit dans le guide *Vous aussi, faites tout comme il faut avec votre enfant*.

« Vous lui donnez du lait de vache ?!?! »

Ben, vous ne savez pas trop, c'est blanc et c'est dans une bouteille…

Il vous fait alors revoir toute l'alimentation de votre enfant :

« Lait d'amande, lait de châtaigne… »

Ah bon, les amandes et les châtaignes ont des pis ?

« Quinoa, boulgour, yaourt au lait de chèvre… »

Hippie, hippie, hourra !

Vous, vous essayez de faire bonne impression en suggérant le lait de soja. Justement vous en avez entendu parler à la radio le matin même. « Houlà ! On en est revenu, du lait de soja… »

Ah ?

« Autrement, on évite le chocolat. »

On va donc vider complètement le placard à gâteaux…

« La vanille dans le biberon ? Allergisant, la vanille ! On ar-rê-te la vanille ! »

Histoire de montrer que vous êtes une bonne mère très ouverte et que même vos parents ont passé leurs vacances dans le Larzac en 1971, vous précisez que vous mettez du miel dans le biberon (alors que vous détestez le miel).

« Tttttttt ! Erreur ! Pas de miel ! Très acidifiant le miel. »

Vous vous dites qu'à ce rythme-là, votre petit deuxième (qui se régalait avec tout ! Un a-mour !) ne mangera plus que du riz, comme votre aîné…

« Du riz ? Votre aîné ? Trrrès bon ça, le riz ! Faites confiance à votre enfant, il sait ce qui est bon pour lui ! »

Ah bon, parce qu'autrement, il adore les glaces Smarties. C'est bon pour la santé, les glaces Smarties ?

Voilà pour l'homéopathe.

L'ostéopathe, lui, vous dira que c'est parce qu'il n'a pas un bon foie que votre enfant a de mauvaises oreilles.

Oh ?

Et c'est parce que vous êtes sensible que votre fils a un mauvais foie.

Oui, vous !

La première fois que vous avez vu un docteur, c'était l'année de vos 16 ans pour vous faire prescrire la pilule, alors que le père de votre enfant avait un abonnement chez l'ORL. Il n'empêche : c'est parce que vous êtes trop sensible que votre fils est toujours malade.

Qu'on ne se méprenne pas. Comme le chantait Mireille Mathieu : Oui, je crrrois... en l'homéopathie. Oui, je crrrois... en l'ostéopathie.

On va chez le pédiatre, mon cœur. Alors c'est compris : tu ne lui parles pas de l'homéopathe de la semaine dernière !

En fait, je crois en tout ce qui pourrait aider mes enfants à aller bien (et à dormir la nuit !). Parce que, comme vous, comme toutes les mamans, je suis une éponge pour le corps médical. Une éponge sur le point d'imploser d'ailleurs, lorsque je retourne chez ma pédiatre ou mon généraliste, et qu'ils me disent : « L'homéopathie ? Bah ça ne peut pas lui faire de mal… Ça ne peut pas lui faire du bien non plus, d'ailleurs. »

Quand on a un enfant, et a fortiori quand on en a plusieurs, on développe avec le corps médical une relation extrêmement privilégiée.

Ma pédiatre, par exemple, m'embrasse les pieds à chaque fois que je lui rends visite. Il faut dire que c'est grâce à moi (enfin grâce aux oreilles de mes fils) qu'elle s'est offert une résidence secondaire.

Ah, les salles d'attente des pédiatres !

On n'y voit que des (déjà) parents. Et heureusement !

Notre taux de natalité serait bien moins important si on y laissait entrer les jeunes couples en mal d'enfants…

Le cabinet de ma pédiatre abrite en sous-sol deux kinésithérapeutes (ainsi énoncé, l'on pourrait croire qu'il s'agit d'une activité clandestine, mais pas du tout !). Allez savoir pourquoi, ces deux kinés se sont tout doucement spécialisés dans le traitement des bronchiolites et… de la cellulite. Expectoration pour le bébé, palper-rouler pour la maman.

Une amie célibataire y a malgré tout (sur mes conseils avisés) fait ses séances de rééducation de la cheville, après une vilaine entorse. Je la vois encore transpirer sur ses exercices, entourée de gosses qui, au mieux ne la quittaient pas des yeux, au pire essayaient de monter sur le mini-trampoline avec elle. C'est étrange, mais en sortant, elle a souhaité à tout prix passer à la pharmacie acheter des préservatifs. Cela tombait bien, je n'avais plus de Ventoline pour le babyhaler des petits…

Dès les premiers froids, les salles d'attente des cabinets pédiatriques se remplissent de poussettes, d'enfants qui toussent, qui pleurent, qui vomissent. Une ambiance à mi-chemin entre Mash et Exodus. Un haut lieu d'échange également : vous arrivez avec une maladie, vous repartez avec une autre. Vous essayez bien de coller vos enfants contre vous avec interdiction de toucher aux jouets et de s'adresser aux autres enfants.

« Même son regard, tu entends, je t'interdis de le croiser ! »

Peine perdue...

Bientôt votre fille bien-aimée essaye de récupérer, à grands coups de petite auto sur la tête (qu'elle est inventive !), la girafe largement suçotée par un enfant très (trop ?) pâle. Mine de rien, vous engagez alors la conversation avec l'autre maman :

« Il est mignon, il a quel âge ? Et... qu'est-ce qu'il a, exactement ? »

Vous qui n'étiez là que pour le nécessaire « bilan des deux ans », ça vous ennuie quand même un peu de vous faire refiler une angine, même par Sophie la girafe !

Autre raison de fréquenter la médecine pédiatrique : le transit de vos enfants.

Lorsque vous avez rencontré le futur (merveilleux) papa de vos actuels (extraordinaires) enfants, vous employiez fréquemment les mots « voyage », « avenir », « esthétisme littéraire »...

En revanche, les mots « caca » « popo », et même « selles » ne faisaient pas du tout, mais alors pas du tout, partie de votre vocabulaire.

C'est bien simple, vous n'aviez a priori pas de fonctions vitales. Vous n'alliez pas aux toilettes, non, vous alliez lire un peu, réfléchir, vous repoudrer le museau... C'était votre côté Belle du Seigneur.

Depuis que vous êtes Maman, vous êtes devenue psycho-dépendante des intestins de votre enfant.

Et il n'y a pas que vous ! Votre homme aussi, ce garçon si raisonnable, si cérébral, est désormais, lui aussi, très concerné par le popo du pioupiou.

Navrant…

Tout commence avec le méconium. Le méconium, c'est le premier caca de la vie. On a tous fait un méconium. Même Belle du Seigneur, même vous, même Laetitia Casta a fait un méconium…

Le méconium, en fait, pose rarement problème. Il n'en est pas de même du deuxième caca du bébé (qui, lui, n'a pas de nom scientifique, et c'est bien dommage). Celui-là peut prendre un peu de temps.

Pour mon fils aîné, cela a pris tellement de temps qu'à chaque fois que quelqu'un entrait dans ma chambre de maternité (la puéricultrice, la sage-femme, la gynécologue, la femme de ménage), je demandais si c'était normal. Et évidemment, tous (sauf le photographe de la maternité, étrangement interloqué) m'invitèrent à ne pas m'en faire. Forcément, ils n'allaient pas me déclarer : « Hououlà ! C'est supergrave, vous avez bien raison de vous faire de la bile ! Nous on s'en ferait aussi. »

Moi, je savais bien que le rôle premier du personnel de la maternité c'était de me rassurer. Ce n'est pas pour rien qu'ils étaient formés sur l'Île aux enfants, avec Casimir et Hyppolite. Par conséquent, cela ne faisait que m'inquiéter davantage. Logique maternelle…

Tous me disaient : « Il a fait son méconium ? Alors tout va bien. »

À ce propos, vous avez remarqué comme il y a des mots, comme ça, qu'on va utiliser très souvent dans un très court laps de temps et qu'on va oublier après. Non parce que « méconium », entre nous, ce n'est pas facile à replacer dans une conversation mondaine. D'ailleurs, je vous propose un challenge : placez méconium aujourd'hui. Mais attention, hein, pas dans une simple conversation téléphonique avec votre mère. Non, placez « méconium » au bureau, tiens, pendant la grande réunion, d'accord ? Ah, qu'est-ce qu'on s'amuse !

Mais revenons-en à la couche de mon fils.

Au 3e jour, mon bébé fit. Yes ! Chéri n'était pas là pour cause de dîner d'affaires, mais j'avais pu le prévenir sur son portable : « Chéri, le petit a déféqué. Oui comme il était à table et qu'on pouvait nous entendre, j'avais utilisé un beau mot. Heureux qu'il était, Chéri ! Du coup, il a lui-même beaucoup mieux digéré (tout ce qu'il avait bu).

On ne peut parler de notre relation à la médecine en tant que maman sans faire une allusion à la varicelle.

On ne sait pourquoi, mais la varicelle est un peu à la maman du jeune enfant ce que le baccalauréat est à la mère de l'adolescent : il faut « qu'il l'ait ».

Cela n'empêche nullement la varicelle d'être une maladie gaie. C'est vrai. Il n'y a qu'à noter la réaction des gens. Dites que votre enfant a la rougeole, et votre interlocuteur prendra un air extrêmement grave.

Dites qu'il a la scarlatine : air super extrêmement grave.

Annoncez qu'il a la varicelle : air réjoui !

« Ah ben, comme ça, ce sera fait. »

Et pourtant, je ne voudrais pas vous affoler, mais si vous tapez « varicelle » sur Google, vous découvrirez que cette maladie n'est pas si bénigne. Pour les personnes immunodéprimées, elle peut même se révéler très dangereuse.

Il est vrai qu'Internet est un peu le port de l'angoisse des mamans. Quand il était petit, le fils de ma copine Véro avait tendance à répéter ses fins de phrases.

– Il fait un peu d'écholalie, lui dit sa pédiatre bien-aimée, c'est à surveiller.

– De l'écholalie ? Ah oui, bien sûr ! répondit-elle d'un air assuré (elle est comme ça, Véro, faut toujours qu'elle fasse sa crâneuse).

Une fois chez elle, Véro se précipite sur la toile, histoire d'en savoir un peu plus sur cette fameuse écholalie. Et elle découvre avec horreur que l'écholalie peut être signe d'autisme, de schizophrénie, ou de tumeur au cerveau… Je vous rassure, son petit Marius va très bien aujourd'hui, et ne répète plus du tout ses fins de phrase. Ses fins de phrase.

Il m'est arrivé la même chose. Mon Noé devant se faire ôter les végétations, je passais des heures sur les forums de parents afin de savoir si notre décision de le faire opérer était judicieuse. Puis, l'un des chiffres de sa prise de sang n'étant pas tout à fait dans la norme, j'allais surfer sur le sujet : on me proposa une dizaine de sites sur la leucémie…

Et on nous demande de nous détendre.

Vous savez quoi ? Internet devrait être interdit aux Mamans. Ou tout au moins devrait-on verrouiller à notre intention tous les mots issus du champ lexical médical.

Cela dit, pour la varicelle, je suis, malgré Internet, demeurée tout à fait optimiste.

Mes fils étaient très fiers de leurs boutons, et très heureux de raconter à tout le monde : « Ma maman, al'm'a arraché ma croûte dans mes cheveux et ça m'a fait très mal. »

Les enfants sont des balances.

Il me semblait entendre ensuite les gens murmurer derrière mon dos : « Regardez, c'est l'arracheuse de croûte ! » Une bonne fille comme moi.

Non c'est vrai que je suis une bonne fille. La preuve : j'ai prêté la varicelle de mes fils à toutes mes copines, organisant une fantastique et mémorable varicelle party. En effet, elles étaient nombreuses mes copines à vouloir que leur progéniture attrape la varicelle. Ben oui, comme ça, *ç'était fait*.

Mon amie Aïcha, par exemple, rêvait de récupérer nos boutons (et nos croûtes) avant septembre : en septembre, elle reprenait le travail et sa fille entrait à l'école. Autant vous dire qu'elle aurait aimé variceller avant la rentrée. Elle a fait finir à sa fille tous les verres de Champomy de mon aîné, récupéré toutes les Tagada mâchouillées de mon petit dernier.

Et… elle (enfin sa fille) n'a pas attrapé leur varicelle.

En revanche, leur otite, oui. J'avais oublié de préciser que je faisais un lot…

Vous imaginez le problème d'Aïcha : commencer le travail et devoir prendre un jour de congé pour conduire sa petite varicelleuse chez le médecin, puis trouver une solution

VOUS REPRENDREZ BIEN UN PEU DE RTT ?

Article L. 122-28-8 du code du travail

Tout salarié peut bénéficier d'un congé en cas de maladie ou d'accident, constaté par un certificat médical, d'un enfant de moins de 16 ans dont il a la charge effective et permanente.

La durée de ce congé est de 3 jours par an. Elle n'est pas multipliée par le nombre d'enfants à charge. En revanche, elle est portée à 5 jours si le salarié assume la charge de 3 enfants minimum (âgés de moins de 16 ans). Même chose tant que l'enfant est âgé de moins d'un an.

Si les deux parents d'un enfant malade travaillent, ils ont tous les deux droit au nombre de jours pour enfant malade prévu par la loi.

Le salarié doit transmettre à l'employeur une copie du certificat médical justifiant de l'état de santé de son enfant.

S'il a utilisé tous ses jours d'absence, il peut prendre une journée de RTT ou de congés payés, voire de congé sans solde, que l'employeur n'est pas obligé d'accepter…

pour la faire garder le temps de la guérison. J'évitais de dire à mon amie qu'il n'y avait pas que la varicelle dans la vie. Sa petite Marine (exceptionnellement résistante à la maladie lors de ses trois premières années) allait bientôt lui ramener de l'école, en même temps que ses premiers bonshommes têtards, tout un lot de gastros, bronchios, rhinos, et autres bobos... Bref, des trucs que même mes fils n'avaient jamais essayé de lui refiler ! Comme, heu, les poux, par exemple... Ah, plein de petites bêtes dans les jolis cheveux frisés de Marinette, je préfère ne pas y penser...

CHAPITRE 2

J'avais un amiiii, mais il est partiii !

Combien elle pèse ? 7 kilos !
Je te la rends, j'ai trop mal au dos.
Heureusement, dès qu'ils marchent, on n'a plus besoin de les porter… Non ?

Marjorie, célibataire nullipare

Qui dit enfant dit changement de vie sociale. On en a conscience avant de se lancer, certes. Mais, peut-être pas assez…

Autrefois, lorsque vous alliez dîner chez des amis, votre principal souci consistait à décider de la couleur du khôl que vous alliez porter. Bleu nuit, comme votre jean ? Ou terre de sienne, comme votre bustier ?

Désormais, le problème est réglé : il vous reste sur les yeux un peu de maquillage de la veille, que vous n'avez pas eu le temps d'enlever… Vous avez donc tout votre temps pour préparer les affaires de Bébé. Cela tombe bien car il va vous en falloir, du temps !

En effet, ce qui, au départ, n'était qu'une simple virée chez des copains, va très rapidement tourner au convoi exceptionnel. Pour peu que vous n'allaitiez pas, il vous faut au bas mot : une boîte de lait + un ou deux biberons + le goupillon lave-biberon + une bouteille d'eau minérale au cas où « ils » n'auraient pas la bonne marque + des couches + du change + un petit lit, dit « lit parapluie », sorte de casse-tête pour jouer avec vos amis (nous en avons parlé) + un doudou + la boîte à musique + heu... le bébé.

Arrivé à destination, votre homme vous largue avec tout cela en bas de chez vos amis, puis lâchement se sauve pour chercher à se garer dans le quartier. Vous, vous cherchez tant bien que mal le code de l'immeuble, malencontreusement noté sur un ticket de métro glissé dans la poche arrière de votre jean sous votre doudoune fourrée (pas facile à attraper, surtout avec des gants).

Une fois dans l'immeuble, vous montez les cinq étages, à pied, avec tout votre barda (dont un petit bout d'humain assez fragile, rappelons-le), tout en vous jurant de rayer de votre répertoire tous vos amis sans ascenseur…

Heureusement, dès que vous entrez, vous êtes accueillie à grands cris. La mère et l'enfant ! Quel tableau adorable ! On vous prend votre bébé, on le déshabille, on l'embrasse (un peu trop d'ailleurs, ce n'est pas très hygiénique tout ça). Et puis au bout de 5 minutes, on vous le rend : « Tiens, y pleure. Y veut sa maman. »

Et là, on se met à parler du dernier Wong Kar-Wai, des dernières vacances en Inde du Sud, de théâtre, bref d'un tas de trucs culturels que vous avez manqués et pour cause : vous-avez-un-bébé !

Est-ce un rebond de baby blues ? Mais vous voilà avec une irrésistible envie de pleurer. Ils n'ont même pas dit que votre bébé était mignon. En tout cas, il y a un invité, là, à l'autre bout du salon, qui ne l'a pas dit. Chéri étant arrivé (il est garé à 12 kilomètres, tout va bien), on peut enfin passer à table. Et là, vous dites à la maîtresse de maison : « Tu as un endroit où je peux faire chauffer le biberon ? »

« Ah bon ? Il doit boire, là ? »

Ben oui, c'est un bébé, ça boit. Et même toutes les 4 heures ma Biche, souviens-toi.

« Non, mais, c'est que je dois apporter le soufflé, moi. »

Ce n'est pas grave, vous n'en prendrez pas, de soufflé. Déjà que vous n'avez pas eu de cacahuètes à l'apéritif, vu que vous aviez le petit sur les bras et que personne ne pense jamais à faire tourner le plat…

Le repas (de votre enfant) terminé, vous acceptez de mettre le fruit de vos entrailles dans une chambre. « Il dormira mieux, non ? » (sous-entendu : « Tu le poses ton môme, maintenant ! ») Mais toutes les 10 minutes, vous trouvez une excuse pour aller jeter un coup d'œil. Pour pouvoir vous lever, par exemple, vous débarrassez tous les plats, vous n'avez jamais été aussi serviable. Le petit serait dans la cuisine, vous leur feriez même la vaisselle ! Bref, on ne vous trouve pas drôle, trop mère poule, complètement déconnectée. « Et le petit, il est mignon, mais il ne dort pas beaucoup, non ? »

Au bout de quelques semaines, vu que, étrangement, on ne vous invite plus, c'est vous qui allez organiser des dîners. Ne vous faites pas d'illusions, cela va se passer exactement de la même façon, sauf que vous ne sentirez pas la transpiration en arrivant.

Vous aurez des réflexions du genre : « Tu ne devrais pas le coucher, là ? » ou encore : « J'ai lu qu'il fallait les laisser pleurer. »

On ne sait lesquels sont les pires : ceux qui ont déjà des enfants (et s'ils ne les ont pas pris, ce n'est pas pour être ennuyés par ceux des autres) ou ceux qui n'en ont pas mais qui ont de grands, très grands principes d'éducation…

Vous aurez les accros à la cigarette aussi, qui vous demanderont, d'un ton assuré :

– Bon, on peut fumer, là ?
– Bien sûr Chérie, sur le balcon…
– Mais il n'est pas abrité ton balcon !

Non, t'auras une bronchite Cocotte. On te l'a dit : fumer, ce n'est pas bon pour la santé !

Il y a malgré tout une chose qui est bien avec les amis, lorsqu'on a un bébé, c'est qu'ils vous offrent des cadeaux. C'est l'un des trucs sympas de la parentalité, juste après le fait de pouvoir déclarer une demi-part aux impôts.

Bon, il s'agit de présents pour le bébé évidemment. N'empêche, c'est nous qui les ouvrons !

Le plus souvent, nous recevons des petits vêtements, ce qui nous comble d'aise : nous adorons, au début, jouer à Martine Petite Maman. Aujourd'hui, Martine Petite Maman va habiller son fils en bleu. Bleu comme ses yeux ! Aujourd'hui, le bébé de Martine porte le bonnet que lui a offert son amie Claire. Martine fait une photo…

Cela dit, il faut bien reconnaître une chose, au sujet des habits que l'on reçoit : ils ne nous plaisent pas tous. Non, avouez, il y a des trucs immettables ! On peut le dire, du moment qu'on ne révèle pas les noms.

Il y a vraiment des gens qui ont le mauvais goût de… ne pas avoir nos goûts. Vous me direz, c'est l'intention qui compte. Et puis, au moins c'est à la bonne taille.

Non, parce que, autre faute énorme de la part de ses (ex ?) amis : certains sont nuls en bébés. Ou en mathématiques, on ne sait.

La boulette de naissance

Le problème de la boulette de naissance ne date pas d'hier. Les premiers à en commettre une ne furent-ils pas les Rois mages eux-mêmes ? Offrir de l'encens et de la myrrhe à un enfant de quelques heures, a-t-on idée ? Une bonne couverture polaire, un chauffage d'appoint (histoire de soulager l'âne et le bœuf qui n'en pouvaient plus de souffler) auraient constitué un choix plus judicieux.

Souvenez-vous de cette doudoune, taille 6 mois, offerte à votre bout de chou né le 4 janvier !

On a beau dire, la doudoune, à partir de juin, ça tient chaud, même en Bretagne (j'adore recevoir du courrier de mes amis bretons !).

La seule solution si l'on ne veut pas gâcher : faire un carton pour le prochain bébé, et s'arranger pour le concevoir en novembre, celui-là.

C'est à toi, ça ?

On a toutes croisé, un jour, un vieux copain qui nous a connue, jeune et jolie, et qui s'exclame en voyant la poussette : « C'est à toi, ça ? »
Vous avez envie de lui répondre : « Oui, c'est à moi, ça. Tu vois, j'ai réussi à me caser finalement, et même à me faire faire un gosse. »
Il regarde alors « ça », d'un air distrait et vous dit : « Il a quoi, là, un an ? Un an et demi ? »
Votre petite crevette (oui bon votre petite langouste) d'à peine 5 mois, 13 jours, et 15 heures ! Un enfant d'un an et demi ? Quasi un ado ? Ça ne va pas, non ? Faut vraiment ne pas avoir le compas dans l'œil ! Remarquez, votre ex (puisqu'il s'agit bien d'un ex) a la délicatesse de ne pas faire de boulettes au niveau du cadeau. Et pour cause : il n'en a pas fait. Toujours aussi radin celui-là…

Vous pouvez aussi décider de recycler le cadeau, en l'offrant à votre tour. Il faut oser, le risque étant ici de le rendre, par inadvertance, à la personne qui vous l'a offert.

Parce qu'on oublie très vite qui a donné quoi.

Au début, on s'imagine qu'on va assurer, mais très vite on se retrouve à dire : « Tiens aujourd'hui, nous allons mettre la petite salopette offerte par... par... par qui déjà ? »

Idéalement, il faudrait tenir un petit registre. Certaines mamans le font, celles-là même qui tricotent de jolies couvertures au crochet entre une séance de repassage et une mise à jour de l'album photo de leur petite Luce-Charlotte. Crâneuses…

Pour ma part, j'avais, dans un délire d'enthousiasme hormonal, commencé à envoyer à chaque généreux donateur des polaroïds de remerciement, avec un petit mot un peu niais :

« Regarde, parrain, comme je suis beau en jaune canari ! On dirait un poussin ! »

Incidemment, je tentais de signifier à mon beau-frère (le parrain en question) que les couleurs criardes, franchement, je n'adhérais pas. »

Mais je n'ai pas continué.

D'une part parce que « Parrain Fifi » a persisté à déguiser mon fils en agent de la Sanef, d'autre part parce que je n'avais plus le temps.

J'étais déjà bien trop occupée à tenir à jour mon « Cahier repas et selles ».

J'avais en effet un cahier où je notais les heures de tétées z'et cacas de mes bébés. On me l'avait imposé à la maternité et, durant quelques mois, j'avais continué. Je ne saurais que vous conseiller de tenir, vous aussi, ce genre de mémento, surtout pour le deuxième : on est si fatiguée qu'on oublie complètement les heures où il a pris. Il a bu à…

Il a bu à…

Heu, il a bu, au fait ?

En ce qui me concerne, j'ai conservé tous mes cahiers. On ne sait jamais, si un jour ils en ont besoin pour entrer dans une grande école… Et puis, ça leur fait un souvenir pour plus tard. C'est vrai, ça fait toujours plaisir de savoir qu'à

18 jours exactement, on a eu des selles un tantinet liquides. J'ai hâte de voir la tête de mes fils lorsque je sortirai le cahier devant leurs petites amies. Juste après les photos où on les voit danser tout nus (avec leurs petites fe-fesses si dodues !) un seau de plage sur la tête…

Les vacances

Vos amis nullipares ayant déjà un peu de mal à vous supporter le temps d'une soirée, ils vont vite déclarer forfait au moment de partir en vacances avec vous. L'idée de ne pas décoller avant 17 heures parce que le gamin fait de longues siestes risque fortement de les – quel est le mot déjà ? Ah oui ! – les gonfler.

Même chose lorsque vous refuserez de les suivre en boîte parce que la jeune voisine qui s'est proposée pour le baby-sitting est gothique. Et s'il lui prenait l'idée de faire un piercing à la petite au cours d'une bacchanale satanique dans le joli salon en osier de votre location ?

Marie-Odile, tu as trop d'imagination ! Ce n'est pas parce qu'elle a un rat sur l'épaule qu'elle est irresponsable, voyons…

Vous partez donc avec votre, voire vos enfants à vous. Et c'est tout. Enfin, pas tout à fait, puisque maintenant que vous êtes mère, les autres (pas bêtes) n'hésitent plus à vous confier leurs gosses.

C'est ce qui est arrivé à Béa…

Les bath vacances de Béa

Le frère de Béa était en plein divorce. Au cours d'une barbecue-party, elle lui avait proposé, dans un élan de générosité aussi irrépressible qu'un hoquet, de lui prendre son pré-adolescent en vacances. Elle avait déjà une petite fille et un garçon âgés respectivement de 6 et 4 ans. Le « grand » les occuperait, organiserait des grandes parties de Fort Boyard dans le jardin, il aiderait même sa tata, si ça se trouvait !

Béa était quasi euphorique. Pour une fois que son frère acceptait de lui prêter quelque chose… Le lendemain, une fois les effets du rosé dissipés, Béa me confiait que son neveu l'était aussi un peu… dissipé.

« En fait, il est à la limite de l'hyperactivité ! Tu crois que si je lui mettais un peu de Ritaline dans son Benco le matin… »

C'est toujours le problème avec les enfants des autres, autant les nôtres sont vivants, autant les leurs sont remuants.

Trois enfants, deux yeux, mille possibilités, pensais-je en mon « fort » intérieur, que j'avais beaucoup plus cynique que mon extérieur faible. Au lieu de dire à Béatrice ce qui l'attendait (et puis après tout, à quoi cela aurait-il servi ?), je l'assurais qu'il n'y aurait aucun problème. Elle n'avait qu'à se faire prêter deux autres yeux pour surveiller sa petite colonie de vacances, ceux de son aimant mari, par exemple. Sympa, je me taisais sur ce que la vision masculine pouvait avoir de défaillante, surtout en vacances. C'est dingue comme le passage d'un bikini peut éblouir et rendre momentanément aveugle un pauvre homme. Une sorte de fragilité optique…

À son retour de vacances, Béa confirma toutes mes craintes.

Il suffisait qu'elle demande à son mari de surveiller les petits, le temps qu'elle enfile son maillot dans sa cabine de bain, pour que le gosse de son frère (encore lui !) en profite pour enfoncer la tête de son petit dernier dans le sable.

– Il a essayé de me faire manger un crabe !

– Je ne veux pas le savoir, on ne rapporte pas.

Je te jure, il est malfaisant ce gamin ! Ça doit venir de sa mère…

Avec la planche en polystyrène (« Ça s'appelle un Morey, Tata ») que son père lui avait offert par pure culpabilité, le neveu de Béa avait décidé d'affronter la « vague ultime ». Ne sachant nager que la brasse, Béa se disait que ce n'était pas en alternant braz-et-jambes comme elle avait appris à la piscine de Chateaulin, qu'elle allait le sauver de la « baignade ultime », le gamin.

Hé, la sauveteuse avec son maillot rouge, là, au lieu d'allumer mon mari, tu pourrais peut-être zieuter le p'tit !

D'autant que Béa était très occupée avec sa fille, qui avait décidé cet été-là de ne plus avoir peur des flots bleus, et « que les bouées roses, c'est pas beau, z'en veut des rouges comme le maillot de la dame qui rigole avec papa ».

Quant à son petit deuxième, il voulait à tout prix emporter sa Game Truc dans la mer.

« Si, je la prends ! Tu ne surveilles pas bien les affaires, Maman, on va me la voler. »

Béa se mettait à rêver : Oh oui, qu'on lui vole sa carte bleue, et les clefs de la location ! Elle n'aurait plus qu'à rentrer chez elle, à poster tout ce petit monde là devant un bon DVD, histoire de se sentir en vacances. Enfin !

Ensemble, nous nous mîmes à évoquer le bon vieux temps, lorsque nous partions en vacances toutes les deux. Nous nous faisions consciencieusement bronzer, sans jamais brûler, parce que nous avions tout notre temps pour ré-appliquer de la crème solaire. Nous lisions le dernier Goncourt, nous connaissions toutes les vedettes qui étaient dans *Gala*, ainsi que le petit nom du si mignon garçon de café.

– Souviens-toi, on se faisait même bronzer les dessous-de-bras ! Mais j'y pense, et si on louait une maison tous ensemble l'année prochaine ?

– Heu oui, Béa, pourquoi pas ? On verra…

Le problème, c'est que je ne pourrai jamais supporter ses deux monstres plus de deux jours, à Béa…

La mer, qu'on voit danser…

À la plage, tant que les activités se cantonnent au sable, cela reste gérable. Dans la mesure où vous prenez soin de bâtir une forteresse d'environ 3 mètres autour de votre groupe, tout va bien. Un conseil, incorporez à votre construction un soupçon de béton, ça fortifie les fondations. Si, on a le droit ! Regardez le panneau sur la jetée, nulle part il n'est écrit « béton interdit » !
En revanche « chien barré », ça, il y a.
Pour autant, votre deuxième (qui est assez artiste) a réussi à faire des truffes avec une crotte fraîche qui vous a tout l'air canine. Cela dit, le gars-au-parasol-qui-s'envole-tout-le-temps paraît bien moins crispé qu'avant sa baignade, maintenant que vous le regardez…
Vient alors le moment où les enfants veulent se baigner. Quel est l'imbécile qui a mis de l'eau sur la plage ? C'est malin, ça.
Autant tout petits, vous adorez plonger leurs petites papattes dans l'eau (alors qu'ils hurlent presque autant que lorsque vous les posez dans le sable), autant ensuite, vous aimeriez bien qu'ils se révèlent un petit peu allergiques aux grosses vagues.

CHAPITRE 3

Mummy dans le métro…

Nos aménagements ont été conçus spécialement pour répondre autant aux besoins des personnes à mobilité réduite, qu'aux besoins des personnes âgées, des mamans accompagnées d'enfants…

http ://www.ratp.fr

Il arrive, lorsque vous avez un bébé, que vous éprouviez le besoin, voire la nécessité, de vous déplacer.

Or, se déplacer avec un bébé est parfois très compliqué. Surtout, surtout lorsqu'on habite en ville. Oui, parce que les mamans sont comme les rats des fables de La Fontaine, il y a celles des villes et celles des champs. Or, celles des villes me semblent avoir une vie un tantinet plus compliquée que celles des champs. Serait-ce parce que j'habite moi-même « à la ville », et même « à la capitale » ? Peut-être. Vous connaissez le principe : notre propre migraine est toujours pire que celle du voisin. Et pour cause : c'est nous qui l'avons…

Première complication lorsqu'on habite en ville : les ascenseurs.

Que ce soit le vôtre, celui qui mène chez votre bien-aimé médecin, ou chez votre non moins vénérée nounou, les ascenseurs de ville (bon d'accord, les ascenseurs de *ma* ville) ont la vilaine manie d'être extrêmement petits ! Qu'on ne me dise pas qu'il est compliqué de faire des rencontres à Paris, vous descendez vos poubelles en même temps que le monsieur du dessus et vous voici aussi intimes que si vous aviez soupé ensemble (tiens, apparemment, il ne digère pas vraiment la choucroute)…

S'il n'est pas aisé, donc, de prendre l'ascenseur avec votre seul grand corps à vous + celui de M. Gosset du 5e qui-n'est-quand-même-pas-une-ablette, vous imaginez le tableau lorsque vous essayez d'y faire tenir :

Vous
+ M. Gosset du 5e qui-n'est-quand-même-pas-une-ablette
+ une poussette
+ un sac à langer !

Il n'y a qu'une seule solution : quelqu'un doit se dévouer pour s'installer sur la capote de la poussette. Souvent, c'est le sac à langer qui s'y colle, même si M. Gosset se propose poliment à chaque fois.

Dans la mesure où vous serez amenée à faire des choses bizarres avec (il est ici question de la poussette, non de M. Gosset), pensez à choisir un modèle bien solide. Solide, mais pas costaud…

Car la poussette costaude (deuxième étape de notre parcours du combattant) ne passe pas dans le métro.

Bon de toute façon, la poussette, quelle qu'elle soit, ne passe pas dans le métro, ou en tout cas, pas dans le tourniquet… J'ai essayé au début de ma carrière de Maman (my mother career, yeah) avec mon fils dedans, j'ai eu très chaud. Mon fils aussi.

Non, si vous voulez prendre le métro avec une poussette, vous devez d'abord faire la queue au guichet, afin de demander au préposé de vous ouvrir la petite porte du fond.

Attention, prenez la file. N'essayez surtout pas, sous prétexte que vous êtes accompagnée d'un enfant, de passer devant les gens. Surtout en début de mois : les gens rechargent leur carte Navigo, et ils pourraient tuer pour cela...

Sachez par ailleurs que le préposé n'est pas tenu d'accepter. Il suffit que vous ressembliez à sa belle-sœur honnie (drôle de nom pour une belle-sœur) pour qu'il vous refuse l'accès de ladite porte. Heureusement, les préposés posés (!) derrière leurs guichets s'amusent très rarement à jouer les Barbe Bleue.

Par conséquent, après avoir rejoint la porte fatidique, l'avoir poussée avec le pied, suffisamment fort pour pouvoir vous faufiler avant qu'elle ne se referme, vous vous retrouvez dans l'enceinte du métro. Là, vous vous dites qu'un truc qu'on nomme « enceinte » ne peut pas être méchant. Jusqu'à ce que vous vous rendiez compte que vous n'avez pas validé votre ticket et que ce n'est pas avec vos aisselles auréolées d'énervement que vous risquez de les amadouer, les éventuels contrôleurs.

Bref, vous prenez malgré tout le métro, en priant Sainte Cunégonde, la patronne des resquilleurs. S'il n'y a ni cohue, ni grève, ni alerte au colis suspect, vous arrivez même à destination dans des délais défiants toute concurrence. Vous sortez par les portes zip-zip (« Sésame dépêche-toi ! »), puis vous appelez votre pédiatre parce que, avec tout ça, le p'tit a pris un chaud et froid. Rendez-vous demain matin. Vous irez en taxi, cette fois...

Mais revenons-en à notre modèle de poussette. J'ai quant à moi, car on ne me roule pas comme ça, la poussette la moins large du marché. Or, elle passe tout juste aux portes zip-zip. Encore faut-il que je replie le bébé, comprenez que je lui mette les mains à l'intérieur de la poussette. *Si*, je dis bien, *si* je n'avais pas cette poussette, je ne passerais pas.

Ma poussette en outre paraît suffisamment légère pour que de jeunes hommes serviables s'y méprennent et me proposent de la porter dans les escaliers (encore faut-il que je me sois un peu arrangée, maquillage, parfum envoûtant, et jupe ras le péché mortel, ce jour-là).

Certaines de mes amies, qui n'écoutent pas toujours mes conseils (preuve qu'elles ne sont pas vraiment des amies), ont au départ investi dans de magnifiques modèles de poussettes, aussi solides qu'un tank...

Elles ont désormais un magnifique tank qui orne le salon de leur spacieux 70 mètres carrés. Pour la vraie vie, elles ont fini par acheter le modèle que je leur avais prescrit. Du coup, elles ont beaucoup moins d'argent à mettre dans mon cadeau d'anniversaire, et s'en mordent les doigts, les ballotes...

Vous me direz, vu que vous ne perdez jamais une occasion de me contredire : « Y'a qu'à ne pas prendre le métro ! Le bus, ce n'est pas fait pour les chiens ! »

Certes, mais ce n'est pas fait pour les poussettes non plus. En tout cas c'est ce que m'a affirmé (pardon m'a aboyé) un chauffeur de bus un beau jour :

– Les bus, c'est pas fait pour les poussettes !

– SANS BLAGUE !? SI J'AVAIS SU CELA, JE N'AURAIS PAS FAIT DE GOSSES !!!! MAIS VOUS NE POUVEZ PAS COMPRENDRE : AVEC LA TÊTE QUE VOUS AVEZ, JE NE VOIS PAS QUI POURRAIT AVOIR ENVIE DE VOUS FAIRE UN ENFANT !!!!! avais-je répondu avec flegme.

D'autant plus (tant pis, je balance, mais je suis énervée, là) que je me trouvais sur la ligne desservant le Jardin des Plantes. Il ne me semblait pas complètement incohérent d'avoir un enfant dans une poussette en me rendant au Jardin des Plantes !

Pauvre naze, va !

Excusez-moi. Le temps d'un petit Lexomil et je suis à vous...

Non vraiment, la solution lorsqu'on a un bébé, c'est le taxi...

Ce n'est pas cher le taxi, à peine 7 fois plus que le bus. Vous appelez un taxi, vous attendez... Vous appelez un autre taxi, vous attendez...

Vous appelez…

Bon, vous allez jusqu'à la borne la plus proche et vous piquez in extremis le taxi d'une vieille dame. Le chauffeur prend votre poussette, vous demande de la plier, la met dans le coffre (2 euros le bagage lourd) et vous vous installez.

Vous vous installez… avec le bébé dans les bras.

Dans les bras ?

Mais d'où qu'il est le siège auto ???

Parce que je vous rappelle qu'un équipement auto est obligatoire pour tous les enfants de moins de 10 ans (art. R.412 du code de la route, sanctionnable par une contravention de 4e classe, soit 135 euros à ce jour). Si vous voulez être en règle avec la loi, vous devez donc, en plus de votre poussette, prévoir, lorsque vous sortez en ville, le siège auto. Remarquez, pour peu que le chauffeur de taxi soit indien, vous lui rappellerez ses ancêtres sherpas !

Vous pouvez aussi, si vous en possédez une, prendre votre voiture. Vous créerez juste un peu plus de monoxyde de carbone. Mais ce n'est pas grave puisque, pendant les pics de pollution, on ne sort pas. On reste tanqué dans ses 70 mètres carrés, et le problème est réglé.

Aller au Jardin des Plantes avec un bébé ! Mais à quoi pensent les mères ?

J'ai pris le train !

Mais parlons maintenant du train. Le train, c'est écologique, c'est rapide et ça fait « tchouou tchouou ! » (en tout cas, c'est ce qu'on continue de faire croire aux enfants).

Il suffit d'arriver suffisamment tôt pour trouver de la place pour caser la poussette (encore elle !) et c'est bon.

Si vous prenez le train en route (je veux dire à un arrêt, bien entendu !) c'est plus délicat :

Toutes les places sont prises dans le compartiment à bagages…

Et sur la passerelle, il y a des gens…

Et dans le compartiment téléphone, il y a… un téléphone, oui, mais aussi un agent de la SNCF qui vous interdit de mettre la poussette dans le compartiment téléphone. Enfin, ça dépend. Si vous penchez un peu la tête et que vous prenez un air bien triste genre « Je m'appelle Candy je suis orpheline et je suis amoureuse du bel Anthony qui a disparu on ne sait où et en plus j'ai perdu mon petit singe Capucin », on vous trouve de la place pour votre poussette. Voire, on vous la replie, votre poussette. Enfin, on essaie. En vain, vu qu'il n'y a que vous qui sachiez la replier, cette poussette (et d'une seule main, youpla !).

Il y a une chose formidable quand on prend le train avec un bébé, c'est qu'on paye moins cher. Il suffit d'acheter la carte Enfant Plus.

Eeeeh oui ! Pour la modique somme de 75 euros (à ce jour !), vous pouvez, pendant toute-une-an-née, voyager à moi-tié prix ! Et ce n'est pas tout ! Les trois adultes qui vous accompagnent, vous et le bébé, peuvent aussi voyager à moi-tié prix ! Même pas besoin d'être de la famille ! Même pas besoin d'être le parrain ! In-cro-ya-ble mais… vrai !

Vous savez ce que m'a dit un jour une dame de la SNCF ?

« La Carte Enfant Plus, on a ordre de ne pas communiquer dessus parce qu'elle n'est pas rentable pour le groupe ! »

Elle me l'a dit, et moi, je vous le répète. Incroyable comme on est solidaires entre femmes, non ?

Lorsque vous pénétrez dans un wagon avec votre bébé, vous êtes vite confrontée à deux types de réactions :

1. La sympa : « Chic ! Un bébé ! On va rigoler ! »

2. La moins sympa « Ooooh non ! Un nain ! Il va chouiner. »

Émilie, le train et le Grand Méchant Loup

Émilie, jeune maman divorcée de frais, avait décidé, pour se changer les idées, de passer les fêtes de Noël chez ses parents, dans le Midi. Décidée à prendre la vie du bon côté, elle avait claqué toute sa pension alimentaire dans de somptueux cadeaux : collier Chanel pour sa Maman, Blackberry pour son Papa, Ipod pour son petit frère... Histoire de paraître à son avantage, elle avait aussi mis dans sa valise ses plus jolies tenues, ainsi que les ensembles Bonpoint, Burberry et Baby Dior de son adorable (et très chic) petit Gaspard.

Le Grand Méchant Loup, qui avait un peu la dalle en ces périodes de fêtes, repéra Émilie. Tout occupée à maîtriser son toujours adorable (mais très tonique) petit Gaspard, cette dernière ne surveillait pas ses bagages. Le Grand Méchant Loup n'eut alors aucun mal à embarquer sa précieuse Vuitton...

C'est ainsi qu'Émilie passa un très mauvais Joyeux Noël. C'est également ainsi qu'elle découvrit que pour son fils, Okaïdi, c'était joli aussi...

Certes, les personnes présentes dans le train n'expriment pas directement leur (res)sentiment, mais vous lisez clairement ce qu'ils pensent dans leur regard, miroir de l'âme du voyageur.

Pour ma part, je comprends les grognons. Lorsque je prends moi-même le train sans enfant, je suis moyennement heureuse de voir débarquer (zut, ils m'ont mis dans un « carré ») une mère, ses deux gosses, leur Uno et leurs crayons de couleur.

Vous ne connaissez pas encore le Uno ? C'est un jeu où quand on gagne, il faut crier « UNO ! ». L'ancêtre du Bingo en quelque sorte. Sauf qu'il n'était jamais venu à l'idée de personne de jouer au Bingo dans le train…

Dans le train, lorsque vous êtes maman, vous prenez aussi tout un tas de livres. Et vous qui ne prenez jamais la parole en réunion, vous qui devenez toute rouge dès que vous devez vous exprimer devant plus de trois personnes, vous voilà en train de raconter *Boucle d'Or et les trois ours* (avec le ton !) à tout un wagon extrêmement attentif. Dans les trains, les mamans que nous sommes sont toujours très pédagogues, très psychologues, très calmes. Une maman menace très rarement son petit monstre d'une fessée dans un train. Pourquoi ? Parce que tout le monde l'écoute. Elle se doit d'être aussi exemplaire que Caroline Ingalls, la maman de *La Petite Maison dans la prairie*.

J'ai pris l'avion

Imaginez une famille : le Papa, la Maman et les deux petits garçons.

Je ne vous dis pas que la Maman est particulièrement merveilleuse, le Papa pas mal du tout, et les enfants à tomber, où vous me soupçonneriez encore de raconter ma vie…

Imaginez à présent que cette famille, pourtant très impliquée dans la préservation de l'environnement, décide de prendre l'avion pour aller passer ses vacances à Dakar. Les parents, qu'on pourrait aisément qualifier de parents modèles, sont bien conscients que l'aviation est responsable de 4 % des émissions de gaz à effet de serre d'origine humaine chaque année, mais que voulez-vous ? La marraine de « leur grand » (marraine qui n'est autre que la sœur de Monsieur, soit dit en passant) a décidé de faire exploser le noyau familial en allant s'installer au Sénégal, et il faut bien que le gamin la connaisse…

Paris-Dakar, normalement, c'est 5 heures de voyage. Ce qui est somme toute raisonnable. Sauf que nous... Oups ! Sauf qu'eux, pour faire des économies, ont décidé de changer à Lisbonne : deux décollages, deux atterrissages, en prenant sur soi parce qu'il ne faut pas communiquer son angoisse aux enfants. Ajoutez à cela les trajets (les aéroports se trouvant rarement en centre-ville), les formalités, les files d'attente, les bagages qui tardent, et vous obtenez un Paris-Dakar en 13 heures. À moto, cela peut être considéré comme rapide. En avion, avec un enfant de 4 ans et un bébé de 15 mois (malade parce qu'autrement ce n'est pas drôle), ça paraît très long.

D'autant plus qu'un bébé de moins de 2 ans, en matière d'aviation, n'a pas d'existence légale. Enfin, presque pas. En fait, il a le droit de payer pour prendre l'avion (moins cher certes, mais quand même), mais pas pour avoir une place. Il n'a pas plus d'importance qu'un bagage à main, en quelque sorte.

Alors, où le met-on ? Sous le siège ? Non. Dans les compartiments bagages ? Non. On le met sur vos genoux. Vous l'avez voulu votre gosse ? Eh bien vous l'avez !

Et dire que Madame trouvait la classe touriste peu confortable, avant… Oui, vous avez bien entendu, la classe touriste ! Si notre famille X passe par Pataouchnok (toutes mes excuses aux Portugais, Lisbonne est une très belle ville) pour rejoindre l'Afrique, ce n'est pas pour dilapider l'argent du ménage en sièges inclinables et télés individuelles. Maman X n'est pas envieuse, mais elle avouera plus tard qu'elle avait un tout petit peu les boulettes en descendant de l'avion, toute chiffon et pleine de miettes de Granola, lorsqu'elle aperçut les King Size auxquels avait droit la classe First. Bien fait pour elle, elle n'avait qu'à mieux travailler à l'école…

Alors, quand vous êtes installée avec votre bébé en avion, une hôtesse passe pour vous donner une sangle, sangle que vous devez attacher à votre propre ceinture, puis passer autour de l'enfant. Une ceinture ! Alors que déjà à ce stade, ce dont vous rêvez, c'est de ficelle de rôti, pour le ligoter. Vous allez donc avoir, le temps du voyage, les cuisses labourées par un bébé qui n'arrête pas de gigoter pour voir le monsieur qui ronfle derrière. Ne vous plaignez pas, c'est très bon pour la cellulite. Quand vous pensez au prix d'une séance de palper-rouler…

Vient le moment où les hôtesses passent avec les plateaux-repas. Ce n'est déjà pas facile de manger son riz cantonais lyophilisé les coudes serrés au corps avec une fourchette en plastique, imaginez l'exercice avec un enfant sur les genoux… Vous décidez donc que vous n'avez pas faim. Au mieux, votre homme vous donne la becquée, becquée régulièrement interceptée par votre enfant qui, pour une fois, a décidé qu'il avait faim aux heures légales de repas.

Mais revenons-en à notre Paris-Dakar, en compagnie de notre famille modèle, nos Brad Pitt-Joly à nous. Tout enfant exceptionnel qu'est le petit dernier, il lui arrive de faire caca. En effet, sachez qu'un enfant n'est jamais, mais alors ja-mais constipé en avion.

Papa Pitt est allé repérer les toilettes, il n'y a trouvé aucune table à langer : aucun système ingénieux se dépliant sur la cuvette, aucun coin nursery sortant d'une cloison à la Star Treck, le 21ème siècle est décidément bien décevant...

Dans un sourire aussi éblouissant que professionnel, l'hôtesse, interrogée, lui confirme l'in-confirmable : « Non, Monsieur, il n'y a pas de table à langer dans cet appareil. »

Après lui avoir demandé la marque de son dentifrice, notre héros (n'ayons pas peur des mots) décide de changer son enfant sur ses genoux, pour le pur bonheur de ses voisins. « Ben quoi, chez vous, ça sent la rose, peut-être ? »

Puis, pour ne pas davantage incommoder ses voisins (il est comme ça, notre Brad, civique avant tout), il décide d'aller jeter la couche aux toilettes. Il part. Longtemps. Très longtemps. Bizarre, il n'a pourtant pas pris *L'Équipe* avec lui…

Mais enfin, il réapparaît, échevelé, certes, mais entier.

En fait, n'ayant pas trouvé la poubelle dans les toilettes (seul le constructeur de l'avion sait où se trouve cette poubelle), il a jeté la couche dans la cuvette. Puis tiré la chasse.

Puis épongé. Puis récupéré la couche dans les toilettes, afin de se faire humilier par Miss Ultrabrite : « Mais la poubelle se situe à gauche du PNC, une fois exécuté l'armement des toboggans, vayons ! »

Honteux et confus, notre papa modèle jura mais un peu tard, qu'on ne l'y reprendrait plus. De retour dans son XIe arrondissement, il se mit même à militer activement pour la création d'un tunnel sous la Méditerranée. Et même un tunnel XIe arrondissement/corniche à Dakar, pour être plus précis. À ce jour, il n'est pas arrivé à ses fins.

Tu crois qu'ils font les mêmes pour adultes ?

Le bébé est une personne ? La maman aussi !

CHAPITRE 4

Et il a fait caca ?

Nos rapports aux nounous, baby-sitters, maîtresses d'école…

Jeune femme, attentionnée, patiente, souriante, disponible,
sérieuse, dynamique, attentive, tendre
Brevet de secourisme
Ne boit pas, ne fume pas, ne se drogue plus
Déjà mère, diplômée en petite enfance,
expérience de 8 années de crèche
Disponible de suite
Accepte heures de ménage, cuisinière diplômée,
facultés d'écoute
DESS de pâte à modeler, casier judiciaire vierge
Mentalement très équilibrée

CHERCHE ENFANTS À GARDER

Horaires libres, taux minimum,
Heures sup' gracieusement offertes
Vacances au gré de l'employeur, santé de fer

POISSON D'AVRIL !!!

Et il a fait caca ?

Oui, je sais, à ce stade, vous commencez à me soupçonner de lourdeur scatologique. Avouez.

C'est possible. Mes fils doivent m'influencer…

Cela dit, la phrase « Il a fait caca ? » n'est-elle pas la première que nous posons à ces femmes (ou ces hommes) qui gardent nos enfants lorsque nous les abandonnons ? Histoire d'aller gagner… de quoi acheter des couches (tout se rejoint).

Oui Madame. Oui Monsieur. « Il a fait caca ? » n'est rien d'autre qu'un préambule, une sorte de sésame au compte rendu que nous demandons – que dis-je, que nous implorons – auprès de vous, Mamans de remplacement (enfin, Mamans, Mamans, il ne faut rien exagérer…).

Derrière ce « Il a fait caca ? » se cachent un tas d'autres questions mêlées d'angoisse et de culpabilité. Cela veut dire : « Il a bien mangé ? Il a été gai ? Il a joué ? Je ne lui ai pas trop manqué ? Oui, mais je lui ai manqué un peu quand même ? Vous croyez qu'il m'en veut ? Suis-je une mauvaise mère ? »…

L'enfant grandissant, je vous rassure, nous prenons un peu d'assurance. Nos copines ne nous ont-elles pas dit et re-dit que mieux valait une maman un peu moins présente mais socialement épanouie qu'une « mamounette à son prouprout », au jogging déformé ? À la culture Feux de l'amouresque ? Il est vrai que nos copines exagèrent souvent.

Toujours est-il que normalement, nous ne demandons plus « Et il a fait caca ? », à la maîtresse d'école.

Mais on en meurt d'envie…

Le problème avec certaines nounous, c'est qu'elles ne veulent rien raconter. En tout cas, rien concernant notre propre enfant. En revanche, nous savons tout des leurs : leurs études, leurs amis, leurs amours… Ce n'est pas qu'on s'en fiche, voyez-vous, mais, on a encore le bain à donner, le repas à préparer, tout *Petit Ours Brun* à raconter, et un ou deux dossiers à réviser avant de nous coucher, alors…

Au début de ma carrière de Maman, j'ai eu, enfin mon fils a eu, une nounou particulièrement affectueuse. Surtout avec moi…

Elle avait l'âge d'être ma mère, et me la jouait effectivement très Mama juive (ce qu'elle était, d'ailleurs) m'appelant « ma chérie », me donnant une clémentine avant de me laisser partir au boulot.

Le problème, c'est que je n'ai jamais pu savoir ce que faisait mon bébé dans la journée. À la fameuse question : « Il a fait caca ? »

Elle répondait « Oui, oui, il m'a bien fait caca. »

– Et il a bien mangé ?

– Oui, il m'a bien mangé.

– Mais… il a mangé quoi ?

– Il m'a bien mangé !

Au bout de six mois d'échanges surréalistes, je m'en suis séparée. Mais je n'ai jamais osé lui dire pourquoi. En fait, j'avais le sentiment qu'elle m'écartait de mon bébé, qu'elle me décrédibilisait en tant que mère. C'était comme si, le soir, elle acceptait de me prêter mon fils, pas trop rassurée par mon manque d'expérience…

Car il faut parfois rappeler aux nounous (au fait, on dit « assistantes maternelles ») que ce sont NOS enfants ! Un peu comme avec les grands-mères, en fait…

Aujourd'hui encore, alors que j'emploie celle que je pourrais légitimement surnommer « Suuuuuper Nathaliiie », je suis agacée d'entendre les gens de ma rue me complimenter à son sujet :

« Nathalie élève vraiment bien vos enfants ! Qu'est-ce qu'ils sont gentils ! Qu'est-ce qu'ils sont polis ! »

Parce que, moi, dès qu'elle part, j'organise un concours de gros mots, puis je les enferme dans le placard…

Certes, cela me fait plaisir de savoir que mes deux petits anges sont entre de bonnes mains pendant que je suis là à vous écrire. N'empêche, s'ils sont aussi mignons, c'est quand même, au départ, un petit peu grâce à mes gènes, non ?

Certaines d'entre vous (certains aussi ? Welcome Boys !) doivent se dire :

« De quoi se plaint-elle ? Elle, au moins, elle a un mode de garde ! »

Voyez comme je vous devine…

Voici donc quelques conseils pour trouver, comme moi, la Mary Poppins de vos rêves.

Sachez, pour commencer, qu'il en est des nounous comme des oranges : il en existe plusieurs variétés.

D'abord, vous avez la nourrice maternelle agréée. L'intérêt de cette personne, c'est qu'afin d'obtenir son agrément auprès du Conseil général de sa région (dingue comme cet ouvrage est didactique !), elle a dû suivre une formation. Formation courte certes, formation étalée, mais formation réelle (on dirait du de Gaulle). Elle a, d'autre part, été « évaluée » à domicile par une infirmière médico-sociale ou une assistante sociale. Son « permis de garder » lui a alors été donné pour cinq ans. Au bout de cinq ans, faut renouveler : re-contrôle, reformation, etc.

Une nounou labellisée par le Conseil général, voilà qui est rassurant ! Encore faut-il ensuite que le courant passe, comprenez que vous lui plaisiez. Car ce n'est pas le parent qui choisit l'assistante maternelle agréée, mais le contraire. Eh oui !

Pour avoir dit cela un jour à la télévision, j'avais reçu une lettre incendiaire d'un comité de nounous, une sorte de pétition érigée contre ma mauvaise foi. Et pourtant, je n'affirmais nullement que les assistantes maternelles agréées de notre beau pays étaient nulles, je disais simplement qu'elles avaient tant de demandes… qu'elles pouvaient se permettre de choisir.

Je le dis, et je le prouve !

Lorsque vous contactez la PMI dont vous dépendez (ou tout simplement votre Secrétaire de mairie si vous habitez une petite commune), on vous fournit une liste. Derrière certains noms, vous avez parfois ces mentions : « Pas d'enfants de plus de 2 ans » ou « Enfants d'enseignants demandés » (rapport aux horaires). Certaines stars de la garde d'enfants peuvent même avoir des exigences de diva !

Résultat : lorsqu'une AMA (assistante maternelle agréée, voyons !) accepte de prendre votre enfant en nourrice, vous êtes tellement reconnaissante et soulagée que vous lui trouvez toutes les qualités. Celles dont je parlais plus haut nous avait choisis, mon fils et moi, parce que ma propre mère, avec laquelle nous nous étions présentés, lui avait « beaucoup plu » (sic) ! Il faut dire que ma Maman est éminemment sympathique, et qu'elle a toujours su séduire mes nounous. Je suis d'ailleurs disposée à vous la prêter pour toute démarche de séduction nourristique. Et ceci pour une somme modique.

Enfin bref.

Quel est l'intérêt de l'AMA ? Il est double :

– Premièrement, vous ne lui payez que le salaire net. La Caf règle directement les charges patronales et salariales à l'Urssaf (à moins que cela ne change…).

– Deuxièmement, elle reçoit l'enfant chez elle. Du coup, vous n'avez pas à ramasser de miettes de BN tous les soirs en rentrant du boulot.

Parlons à présent de la nourrice à domicile (Urssaf, ouille !) ou de la nourrice en garde partagée (Urssaf, moitié d'ouille !).

Ici, les critères de sélection, c'est vous qui les établissez. Quel plaisir, une fois dans sa vie, de se retrouver dans le rôle d'employeuse !

Vous pouvez déposer une petite annonce au Pôle Emploi, des affichettes chez votre boulangère, chez votre pédiatre, ou racoler dans les jardins publics :

« Combien vous payent vos patrons ?

Seulement !

Allez, je mets 100 euros de plus dans le nourrain. Qu'en dites-vous ? »

Cette technique est moralement répréhensible.

Mais concrètement assez efficace.

Personnellement, je ne cautionne pas. Malgré tout, et parce que je suis là pour ça, je vous donnerai quelques conseils d'application :

Tout d'abord, la fille assise, là, sur le banc, le portable collé à l'oreille, un enfant ligoté dans la poussette, et l'autre enfant, « Heu, l'autre ? Par là, peut-être ? », vous la laissez aux copines.

En revanche, celle qui semble montée sur ressort, qui a le sourire aux lèvres, qui n'a pas peur de faire du toboggan et qui a dans son sac (fouillez pendant qu'elle est sur le toboggan) : un biberon d'eau fraîche, des lingettes, du gel et des gélules d'arnica, un p'tit chapeau, une p'tite laine et quelques jeux, oui celle-là… celle-là, vous la laissez aussi, c'est la mienne.

Mais essayez d'en repérer une du même genre.

Si vous consultez les petites annonces, vous en trouverez rarement du type : « Jeune femme de 70 ans, non expérimentée, cherche enfant à garder, pas trop remuant. Tous les jours, sauf le lundi, le mercredi et les vacances scolaires. »

Non, elles se font toutes des CV de super Nanny sous ecstasy maternel.

Cela dit, dès le contact téléphonique, il vous est possible d'écrémer. Je pense à ce monsieur qui m'avait appelée « pour sa femme », en précisant qu'il était d'accord, mais qu'il fallait que la garde se passe chez eux « vu qu'elle avait le ménage à faire »… Heureusement qu'il reste de vrais mâles en ce monde !

Autrement, pour peu que « la personne » vous fasse bonne impression au téléphone, vous pouvez demander à la rencontrer. Je pense cette fois-ci à cette fille, en retard d'une heure à notre rendez-vous, qui, au lieu de s'excuser, m'avait demandé : « J'espère que vous n'avez pas de chats ! Je suis allergique. » Et moi, je ne supporte pas les acariennes de ton genre, ma P'tite !

Mais cela ne se passe pas toujours ainsi, heureusement.

Donc, lorsque « la personne » est polie, propre sur elle, et pense à jeter un coup d'œil à l'enfant qu'elle est censée garder, vous pouvez envisager de l'interroger.

Le problème, c'est que tout le monde n'est pas Maigret…

Vous pouvez évidemment tendre des pièges à vos nourrices postulantes. Exemple : « Vous rentrez du parc, les enfants ont les mains très sales, que faites-vous immédiatement ? Hummmm ? »

Et... vous réussirez à vous débrouiller sans moi ?

Si elle vous répond : « Je leur mets la télé et je passe mes coups de fil depuis votre ligne fixe », c'est… qu'elle est peu fine.

Pour autant, celle qui, après avoir appuyé sur le buzzer, vous aura répondu « Je leur lave les mains, bien sûr ! » le fera-t-elle dans la réalité ?

Vous, au fond, ce vous souhaiteriez vraiment demander, ce serait :

– Y a-t-il des psychopathes dans votre famille ?

– Dans combien de langues savez-vous dire : « Ta Maman est la plus parfaite Maman du monde » ?

– Avez-vous déjà essayé de faire manger des brocolis à un enfant de 2 ans ? À ce propos, vous êtes bien assurée ?

Au lieu de cela, vous lui parlez éveil. Ah, l'éveil, le grand mot des Mamans nouvelle vague…

Un mot qui laisse parfois les « auxiliaires parentales » (on dit comme ça aussi) très sceptiques. Préférez des phrases telles que : « Vous aimez danser ? Vous déguiser ? Faire de la pâte à modeler ? Dessine-moi un Barbapapa. »

Mais attention, comprenez qu'elle ait des limites, cette fameuse auxiliaire. Si vous-même, vous détestez jouer au Mille Bornes (surtout avec un enfant de 3 ans qui ne comprend rien aux règles mais s'entête), admettez qu'elle aussi, cela puisse lui peser.

Et n'oubliez pas une chose : une nounou qui se vend bien n'est pas forcément une bonne nounou, c'est peut-être juste une bonne menteuse. Fiez-vous donc à votre feeling.

Le cahier de liaison

Il est évidemment très important de communiquer avec votre employée (Madame la Marquise). Et pourtant, lorsque vous rentrez harassée par votre journée de travail, que votre enfant vous saute sur le dos en vous expliquant que

« tu sais, au parc y avait un noiseau, il était mooort », vous aimeriez de temps en temps ne pas avoir à passer par le fameux interrogatoire transit-sommeil-repas.

Pourquoi ne pas instaurer, comme dans de nombreuses crèches, un cahier de liaison ?

J'ai connu une nounou qui s'amusait beaucoup à remplir ce cahier avec les détails pratiques de la journée, mais aussi les petites phrases des enfants, le tout agrémenté de polaroïds, de dessins… Le problème, c'est qu'au parc, ses homologues la prenaient pour une fayote, une zélatrice, une névrosée, une jaune, une infiltrée.

Dommage. Ça nous plaisait bien, à nous, la « bande des Mamans », cette histoire de cahier…

Les réticences des gardes d'enfants à s'emballer pour ce genre de pratique se comprennent, en un sens. Elles peuvent très vite se sentir fliquées. Et elles n'ont pas tort.

Qui, par exemple, n'a jamais eu envie de se faire petite souris, en installant une caméra (allez, une toute petite) dans l'œil du gros Babar en peluche ? Heureusement, nous passons très rarement à l'acte. Et pour cause : nous n'y connaissons rien, en vidéo…

Il y a également l'espionnage, plus facile à appliquer. Pour autant toute Maman surgissant à l'improviste n'est pas une Mata Hari maternelle !

À ce propos, je me souviens, un soir, avoir retrouvé ma nounou n° 2, « Tata Mouni », en pleurs, parce que, ayant un rendez-vous l'après-midi dans le quartier, j'étais passée au parc faire un p'tit bisou à mon fils. Elle avait cru que je l'épiais et que je m'étais fait débusquer. Ridicule, vu qu'à cache-cache, j'ai toujours été la plus forte. Si j'avais voulu me planquer, jamais elle ne m'aurait trouvée.

– Tata Mouni, vous savez bien que ce n'est pas mon genre ! essayais-je de la rassurer.

– Tant mieux, parce que, vous savez, vous êtes comme ma petite sœur ! me sanglotait-elle de plus belle.

J'avais été « comme la fille » de la première, j'étais « comme la petite sœur » de la deuxième.

Pour ma nounou actuelle (Suuuper Nathaliiie !), je ne suis plus que « comme une amie ». Je grandis moi aussi, je sens que je prends de la distance !

Cela prouve en tout cas une chose : la relation Maman-Nounou n'est pas une relation Employeur-Employée. C'est une relation affective. Comme dans un couple, il faut savoir faire des concessions, avoir de petites intentions. Un petit cadeau à chaque date anniversaire, par exemple : un an, deux ans, trois ans que vous nous soutenez, chère Tatie…

Très chères nounous ! On vous voudrait parfaites. Alors, pourquoi ce pincement au cœur lorsque notre enfant pleure le soir pour ne pas vous quitter ? Pourquoi ce sentiment de femme trompée ?

Ambiguïtas, ambiguïtatis, tout n'est qu'ambiguïté.

Lorsque nous vous laissons, par exemple, notre enfant pour la première fois, nous avons un drôle de sentiment : entre le soulagement (« Libre, je suis libre ! »), et le manque.

Le soir, lorsque nous venons rechercher notre bout de chou, savez-vous que nous avons le cœur battant ? Oui, comme pour un premier rendez-vous d'amour, comme lorsque nous allions aux manèges pour la fête du village, au 14 juillet. Nous aimerions avoir des ailes. Oui, des ailes…

Incroyable, finalement, comme on envie le règne animal lorsqu'on est Maman : on aimerait être une petite souris pour observer notre bébé, avoir des ailes pour aller le rechercher, et faire l'autruche quand vous nous annoncez qu'il a pleuré toute la journée.

Mais le plus souvent, il est vrai que vous nous dites, parce que vous êtes psychologue (et que vous aimeriez bien qu'on s'en aille, à la fin…) : « Vous n'étiez pas arrivée à votre voiture qu'il ne pleurait plus. » Nous, cela nous étonne un petit peu, parce que nous sommes restée un moment à écouter ses pleurs (et à pleurer nous aussi) derrière la porte de votre appartement, mais enfin… Nous supposons que c'est une expression pour expliquer qu'il a fini par se calmer. Puis, vous nous assurez que le foulard que nous avions coincé durant plusieurs jours dans notre soutien-gorge afin qu'il prenne notre odeur, pardon, notre parfum, l'a beaucoup rassuré. Vu la tête que nous fait notre enfant (pas moyen de capter son regard), encore une fois, nous nous permettons de douter. Parce que là, notre parfum, il a l'air décidé à le renier à vie.

Et la crèche ?

Pour n'être jamais parvenue à obtenir une place en crèche, je ne puis pas trop vous renseigner sur le sujet.
Cela dit, si vous osez, essayez donc ce truc, expérimenté (avec succès) par ma copine Fabienne.
Ma copine Fab, en effet, tenait absolument à ce que sa fille se sociabilise le plus tôt possible, en enfonçant des petites autos dans la fontanelle de ses petits camarades.
Elle alla donc crier « j'veux une place en crèche » chez la responsable de la petite enfance, qui n'était pas sa voisine. « Vous avez une chance sur 100 », lui affirma la coquine.
Fab décida alors d'emmener son bébé (particulièrement hurlant) à chaque réunion du conseil municipal. Une fois, deux fois…
Plus moyen de décider calmement de la place d'un nouveau rond-point ! Pour se débarrasser de cette mère insistante, le Maire finit par lui attribuer la place en crèche tant espérée. Justifiant du même coup ces proverbes :
– Quand on veut, on peut.
– La fin justifie les moyens.
– Tant va la cruche à l'eau, qu'à la fin Fab se casse.

En tout cas, de notre côté, le petit body sale que nous avions glissé en cachette de Chéri dans notre sac à ordinateur, cela nous a fait beaucoup de bien de le respirer, à maintes reprises dans la journée.

La baby-sitter

Il ne nous suffit pas d'abandonner notre progéniture pour aller travailler, il nous arrive aussi de la laisser pour aller… nous amuser. Nous faisons alors appel à une baby-sitter.

De quoi nous rendre nostalgique. Il n'est pas loin en effet le temps où nous gardions nous-même des enfants, le samedi soir, afin de nous payer notre paquet de Marlboro, et un beau sac US !

À mon époque, c'était 30 francs la soirée. Vous rendez-vous compte les gamines ? Même pas 5 euros ! La zèremi !

Parfois, lorsque les parents avaient la flemme de me raccompagner, je passais la nuit sur place. Il faut dire que j'habitais au moins à 1 kilomètre !

J'étais assez grandette pour garder, dans une grande maison somme toute incendiable, deux, voire trois ou quatre (surprise !) gamins déchaînés, mais pas assez pour rentrer à pied la nuit et affronter tous les « vilains messieurs » qui n'attendaient que moi, planqués dans la campagne qui menait à mon lit. Il m'arrivait donc de dormir sur un matelas par terre, avec le petit garçon des amis des amis qui avaient accompagné mes patrons d'un soir à leur fête pour personnes âgées. Je préciserais, parce que ça vaut la peine de le noter, que comme on m'appelait « M'amzelle pas d'bol », le petit bonhomme en question mouillait ses draps, quand Papa et Maman n'étaient pas là.

Un jour, enfin, j'ai osé affirmer, avec toute l'assurance de mes 14 ans, que « je préférerais, s'il vous plaît, mais y faut pas qu'ça vous dérange, repartir chez moi quand vous rentrez ».

Par conséquent, je ne dormais plus dans la chambre avec les enfants. Non, je sommeillais sur le canapé du salon. Et à deux heures du matin, une bande d'adultes hilares et passablement avinés, prêts pour un dernier verre, réveillaient avec bonheur la petite baby-sitter. Baby-sitter entre nous qui, à ce moment-là, ressemblait davantage à un lapin pris dans les phares d'une voiture qu'à une quelconque lolita.

Quand j'y pense, j'étais quand même une excellente baby-sitter ! Au niveau tarifs et souplesse, surtout... Aujourd'hui, si je me rencontrais, je m'embaucherais. Question éveil et sécurité, je ne saurais juger. Tout ce que je peux dire, c'est que le jeune homme d'1,90 m aux allures de surfeur que j'ai rencontré l'autre jour à la fête de mon village n'avait pas gardé un souvenir impérissable de sa baby-sitter. Il ne s'est pas précipité dans mes bras en criant « Tata ! ». De toute façon, il doit y avoir une erreur : je ne peux pas avoir gardé cet enfant, c'est un adulte...

Aujourd'hui donc, je suis passée de l'autre côté du miroir. Désormais, c'est moi la dame qui essaye de s'habiller djeun's pour aller à des boums du 3e âge. C'est moi cette bonne femme insupportable qui dit douze fois au revoir à ses mômes parce qu'elle n'assume pas de les quitter. Résultat : ils pleurent et il faut au moins cinq DVD pour les consoler, non, non, je vous promets, ils ne regarderont pas longtemps la télé...

Désormais, oui, les choses ont changé. La fonction s'est réglementée, et toutes les Mamans que je connais déclarent leurs jeunes baby-sitters, et les rémunèrent dûment, en chèques emploi service...

Les tarifs, quant à eux, sont devenus exorbitants. Et les jeunes filles, entre nous, bien moins sérieuses que nous l'étions.

Cela dit, j'ai longtemps eu une baby-sitter absolument parfaite. Elle avait une quarantaine d'années, ce qui est un bon âge pour garder des enfants, quoi qu'en disent Chéri et ses copains. Nous la laissions dans la chambre du bébé, nous la retrouvions… dans la chambre du bébé. Parce que, nous disait-elle : « On ne sait jamais, il est si petit, il faut que je l'entende respirer. » La pro, quoi…

Elle repartait par le Noctibus, toute seule, parce que les « vilains messieurs », elle, elle savait les mater. Malheureusement, cette fée du baby-sitting a déménagé. On parle beaucoup de la fuite des cerveaux à l'étranger, il y a pire : la fuite des baby-sitters en province…

Lorsqu'elle nous a quittés, j'ai dû passer dix coups de fil aux copines (« tu connais quelqu'un ? ») parce que j'avais décidé, truc de dingue, d'aller au cinéma avec Chéri.

20 euros + 80 pour le dîner + 40 pour la jeune fille =

Y a quoi à la télé ?

Toujours est-il que j'en ai testé de la baby-sitter ! J'ai eu, par exemple, une très jolie petite jeune fille, impeccable, qui me faisait la vaisselle et des compliments sur mes bottes. Seul hic : il fallait la raccompagner. Et moi, je n'aime pas trop que Chéri raccompagne les très jolies jeunes filles. J'ai confiance évidemment, mon mari n'est pas un pervers ! Mais peut-être qu'à force, il aurait pu se rendre compte que je n'en étais plus une, de « très jolie jeune fille ».

LA MEILLEURE DES BABY-SITTERS, C'EST GRAND-MÈRE

Y a-t-il de meilleures baby-sitters que nos mères et belles-mères ? Oui, celles-là même dont nous parlions au début de ce livre.

D'abord, la grand-mère est peu chère… Ensuite, non seulement elle vous fait la vaisselle, mais aussi un petit peu de repassage.

➲

Vous la nourrissez d'un rien, et même, vous lui faites plaisir :
« Sortez ! nous disent-elles. Profitez-en, de toute façon, ce n'est pas vous que je suis venue voir ! » Merci quand même…
Il y a néanmoins une chose un peu agaçante avec les grands-mères, c'est qu'elles ne peuvent pas s'empêcher de nous dire « Chuuuuuttttt » lorsque nous rentrons en pleine nuit. Oui, parce que la grand-mère est aussi une mère, et donc, elle nous attend… On voudrait juste lui rappeler que nous aussi, désormais, nous sommes des parents, et que nous le savons (oh que oui !) qu'il ne faut pas réveiller les bébés lorsque, par miracle, ils dorment la nuit…

Tu t'occupes des bains jusqu'à ce qu'il soit en âge de se raser. Et après, je prends le relais. D'accord ?

CHAPITRE 5

De quoi j'me mêle ?

Ce que vous pensez des enfants des autres,
les autres le pensent de vos enfants…
Ça calme.

Extrait de : *Les enfants, c'est bien, la pilule aussi.*
Maïtena Biraben, Éditions du Seuil

Attention ! Dans votre rue, dans votre immeuble, dans les dîners ! Ils sont partout.

Terrés sous la terre, tapis sous le tapis, à couvert derrière leurs couverts (oui, bon…).

Oui, ils sont là, les…les…

Les *de quoi j'me mêle.*

Rappelez-vous, cela a commencé dès votre grossesse.

Cette dame au bistrot :

« Vous ne devriez pas croiser les jambes. Dans votre état, ce n'est bon ni pour le bébé, ni pour votre circulation. Si je vous dis cela, c'est que je suis une ancienne sage-femme... »

Et moi, j'ai été Miss Macumba. Pour autant, je ne te dis pas que ton faux Chanel, là, c'est ringard !

Et ce type à cette soirée :

« Tu fumes ? Mais c'est super mauvais pour le fœtus ! Tu trouves que ça ne lui suffit pas, le tabagisme passif ? »

Et la connerie passive, tu crois que c'est bon pour lui ? Depuis les Apéricube, tu m'énerves, faut bien que je trouve un truc pour me détendre !

Ah ! Toutes ces petites phrases que nous rêverions de leur catapulter (Tac, en plein dans les dents ! Gagné !), à ces *de quoi j'me mêle...*

Au lieu de cela, et parce que nos mères nous ont (trop) bien élevées, nous le gardons en nous, notre petit tac-au-tac vipérin.

Et ça, je vais vous dire, ça, ce n'est pas bon pour le bébé...

Si les gens se sentent déjà éminemment concernés par votre progéniture alors qu'elle n'est encore qu'une crevette intra-utérine, vous imaginez combien ils se défoulent une fois que la crevette sort du nid (si je puis m'exprimer ainsi).

« Dès que l'enfant paraît, le cercle de tout le monde y va de son grain de sel », écrivait Hugo. Et il n'avait pas que tort, ce bon Papa Totor.

Voici un florilège, malheureusement bien incomplet, de toutes les petites phrases que vous pourrez entendre (si ce n'est déjà fait).

Et, parce que je suis du concentré d'essence de générosité, je vous propose, en prime, une petite réponse de votre (presque) cru. C'est cadeau !

J'avouerai que, la plupart de ces petites phrases ne m'étant venues que deux ou trois heures après les faits, je n'ai pu directement les expérimenter. Je décline donc toute responsabilité quant à leurs effets secondaires.

C'est parti !

– Mais cet enfant est bien trop couvert !

Ben oui, il fait rien qu'à pleurer, alors j'essaie de le faire fondre.

– Cette mode du portage en écharpe ! Ne doit pas n'être bien là-dedans, mon bébé, hein, ne doit pas n'être bien ?

Non, c'est sûr. En fait, c'est scientifiquement étudié pour qu'il soit mal…

– Tu ne vas pas le coucher sans rien dans le ventre ?

Il ne veut pas manger, à part lui mettre un entonnoir dans la gorge, je ne vois pas…

– Je trouvais le mien excité, mais à côté du vôtre.

Peut-être, mais le mien, il est beau…

– Oh, ce n'est pas biiien de faire un caprice dans la rue, le Père Noël ne passera pas !

Ah ! Tu vois ? Ce n'est pas moi, c'est la sorcière qui le dit…

– Vous ne devriez pas le laisser vous taper, comme ça.

Vous avez raison… Poussin, tape plutôt la dame.

– Il saute toujours comme ça ?

Oui, sa grand-mère a fauté avec un Marsupilami.

– Il en est où, au niveau apprentissage ?

On commence à lire Goethe le soir. Mais pas dans le texte. Après tout, il n'a que 6 mois !

– Tu as lu le dernier Renaudot ?

Non mais j'ai lu *Petit Ours Brun fait des courses*. Génial !

– Ma chérie, je te souhaite une heureuse année 2008, avec des enfants moins malades et un mari plus présent.

…

Bon, là, j'avoue que je travaille encore un peu la réponse…

Dans le genre réflexion-qui-part-parfois-d'un-bon-sentiment-mais-pas-toujours-et-qui-de-toute-façon-vous-agacera, vous aurez aussi :

– Il mange des fruits ?

– Il mange de tout, bien sûr ?

– Il va manger comme nous ?

– Deux garçons, vous allez bien nous faire une petite dernière ?

– Vous faites les bébés-nageurs ?

– Vous avez fait l'haptonomie ? Non ? Vous n'a-vez-pas-fait-l'hap-to-no-miiiie !

– Il est souvent malade, non ?

– Elle prend combien, déjà, ta pédiatre ?

– Hé, tu sais combien elle lui prend sa pédiatre ?

– Tu es allée au théâtre dernièrement ?

– Il te reste combien à perdre ?

– Il ne regarde pas trop la télé ?

– Tu ne lui cèdes pas un peu trop vite ?

Ici, la réponse dépendra, avant tout, de votre cycle hormonal. Vous passerez donc du silence méprisant (en phase folliculaire) au « QU'EST-CE QUE ÇA PEUT TE F… !!!!!! » (en pic ovulatoire).

Vous remarquerez, au fil du temps, à quel point les gens qui n'ont pas d'enfants sont bons en principes éducatifs.

« Un enfant, ça doit manger de tout. »

« S'il voit ses parents manger de tout, il mangera de tout. »

« Tu vois, moi, ton fils, tu me le confies une semaine, je te le rends : il mange de tout. »

Il ne parle plus, mais il mange de tout…

Cela dit, soyons honnêtes, n'étions-nous pas ainsi, nous-mêmes, au temps de notre nulliparité ?

Souvenez-vous des idées très précises que vous entreteniez sur l'éducation que votre grande sœur donnait à ses enfants : et qu'elle en faisait un enfant-roi, et qu'elle l'écoutait trop, et qu'elle était plus mère qu'amante, et qu'elle n'aille pas se plaindre si son couple battait de l'aile, et qu'elle se laissait mener par le bout du nez, et qu'elle se promettait de beaux jours lorsqu'ils seraient adolescents, et que patati, et que patata, et que moi, je ne ferai pas comme ça.

Depuis…

Depuis, comment dire ?

Vous vous êtes… assouplie. Vous vous êtes… adaptée. Vous avez accepté des choses que vous n'auriez jamais imaginé supporter.

Le DVD pendant le dîner ? Concession.

Le yaourt mangé à la paille ? (Beeerk.) Concession.

La grande fresque en chocolat sur le canapé du salon ? Heu, non, là, il ne faut pas exagérer quand même…

Aujourd'hui, vous savez que le plus important, au fond, c'est de savoir, (en étroite collaboration avec le père de vos enfants, bien sûr) jusqu'où vous pouvez approfondir la concession.

Et pour cela, il faut faire bloc.

Les Américains appellent ça : « the coherence education » (Si ! C'est vrai !). Pour peu que l'enfant sente une faille, you are dead (vous êtes mort).

Évidemment, c'est plus facile de faire bloc lorsqu'on a subi, au départ, le même genre d'éducation. Chéri et moi, par exemple, quand on était petits, nous avons appris :

- Qu'on n'interrompait pas les adultes, pareil.
- Qu'on ne se mouchait pas dans les rideaux, pareil.
- Qu'on ne vomissait pas son foie de veau, pareil.
- Qu'on ne couchait pas avec un garçon, pareil.

Du coup nos enfants ne se mouchent pas dans les rideaux (on n'a pas de rideaux), ne vomissent pas leur foie de veau (on n'en fait jamais, nos parents nous en ont dégoûtés) et ne couchent pas avec des garçons (même si parfois avec leur doudou ils font des trucs dont je préfère ne pas entendre parler).

Pour ce qui est de ne pas interrompre les grandes personnes, nous ne savons pas encore trop...

En fait, nous leur avons appris qu'on ne coupait la parole que lorsqu'on avait quelque chose d'important à dire. Du coup, nous ne pouvons plus finir une phrase en ce moment sans entendre : « J'ai quelque kose d'important à dire ! (...) Heu, est-ce que vous avez peur de la publicité du chien avec un bonnet, vous ? »

Qui peut affirmer que ce n'est pas important ? Pour lui ?

Cela ne signifie pas que chez nous, ce sont les enfants qui décident.

Non, chez nous, ce sont les parents qui décident. Comme chez vous, non ?

Et quand les parents ne décident pas pareil ? me direz-vous...

Et bien, c'est le premier qui dit qu'a gagné.

Et si vous n'êtes pas d'accord, vous en parlez le soir, après les bains, le repas, les trois histoires, les câlins, les verres d'eau, etc.

Il est vrai que si vous n'avez pas pris de notes sur le coup, il peut vous arriver de ne plus vous souvenir des motifs de votre désaccord.

– Au fait, j'ai eu l'impression tout à l'heure que nous ne faisions pas vraiment bloc, mon amour, à propos de je ne sais plus quel sujet essentiel d'éducation.

– Ah bon, ah ouais, ch'ais pas. Dis, y a pu d'yaourts, les gosses ont tout mangé ?

Oui, aujourd'hui, nous savons ce que c'est que d'éduquer, pardon, que d'essayer d'éduquer un enfant.

Pour autant, nous nous mêlons toujours un peu des enfants des autres. Allez, il faut bien l'avouer...

Nous nous en mêlons surtout lorsque les autres ne sont pas là, cela dit.

– Vous savez quoi ? Il a 18 mois et il ne marche toujours pas ! Moi, à leur place, je commencerais à m'inquiéter.

– Enfin, bon, leur fille aînée, elle a marché beaucoup plus tôt, et quand on voit ce que ça a donné...

– Hum hum..., entendu de toute la tablée.

J'adore comme on est dans le jugement en ce qui concerne les autres enfants. Moi, c'est incroyable le nombre de solutions que j'ai pour mater (pardon cadrer) les gosses de mes copines. C'est bizarre, avec les miens, je suis un peu plus perdue. C'est parce qu'ils sont plus intelligents, je crois : ils sont plus complexes.

En tout cas, à part moi pour qui cela se justifie, les gens ont tendance à se leurrer sur leurs enfants : ils sont forcément plus beaux, plus intelligents, plus drôles que ceux des autres.

« Et vous ne connaissez pas sa dernière ? »

« Et figurez-vous que l'autre jour, il m'a dit... »

« C'est comme le mien, il a... »

Dernièrement, à une soirée, j'ai ainsi eu l'impression d'assister à un match de squash.

Quatre ou cinq « parents et fiers de l'être » se renvoyaient la balle de leur orgueil progénital. Au milieu : une célibataire sans enfant.

Eh bien vous savez quoi ? Moi qui suis pourtant dans la maternité jusqu'au cou, j'avais mal pour elle...

Un exemple de sujet de quoi j'me mêlesque : la tétine

S'il y a une chose qui concerne les gens en ce bas monde, c'est bien la question de la tétine.

Un jour, une dame venue chez moi établir des papiers pour me louer sa place de parking a ainsi arraché la totoche de la bouche de mon fils. « J'ai été assistante d'orthodontiste, je ne supporte pas de voir un enfant avec une tétine ! »

Avouez qu'entre elle et la sage-femme de tout à l'heure, je suis harcelée par le corps médical à la retraite, moi !

Mais en général, cela se passe plutôt ainsi :

Samedi soir, vous avez convié des amis à dîner.

Votre bout de chou, tout frais tout propre dans son beau pyjama Spiderman, vient poliment dire bonsoir aux « invités » avant d'aller faire un gros dodo. Exemplaire, il n'essaye même pas de piquer un Crackers Belin au passage. Vous n'en pouvez plus de fierté.

Et là, là, l'un de vos convives vient tout gâcher, en tonitruant un :

« Mais je ne le crois pas ! Tu as une tétine ! Un grand garçon comme toi ! »

Tous les enfants n'ont pas la présence d'esprit de répondre : « Dis donc, toi, quand t'arrêtera la cigarette, tu viendras donner des leçons aux autres ! » Votre petit bonhomme se retire donc la tête basse, avec l'idée que, si abandonner la tétine c'est grandir, et si grandir c'est devenir comme le monsieur qui sent pas bon de la bouche, et bien, mieux vaut rester petit…

Pendant ce temps, dans le salon, le débat est ouvert : tétine or not tétine ?

Le sujet est extrêmement délicat. Glissant. Épider-mique. De la dynamite en suspension, le débat sur la tétine !

En effet, très rapidement se forment donc deux camps distincts : les tétinnonistes contre les tétouistes.

Afin de vous aider à alimenter le débat la prochaine fois, voici quelques arguments à opposer à « ces chiens de tétinnonistes ».

Car je prends pour acquis ici que vous soyez vous-même une tétouiste militante (la tétouiste militante étant une maman qui ne parvient pas à faire arrêter la tétine à son enfant de 5 ans).

– Si l'on vous dit : « La tétine, ça déforme le palais ! »

Répondez que la tétine ne déforme pas tant le palais que les dents. Et, dans la mesure où l'enfant a toujours ses dents de lait, il n'y a pas péril en la tétouille. Après le passage de la petite souris, effectivement, une tétine peut vous transformer un adorable enfant en lapin prognathe. Cela dit, il faut bien faire manger les orthodontistes.

– Si l'on vous dit : « La tétine empêche de bien parler. »

Répondez que franchement che n'est pas faux. Ajoutez qu'en plus ch'est moche et que cha donne le matin à l'enfant une haleine de vieux beau. (« Mais c'est toujours mieux qu'une haleine de vieux fumeur, hein, Étienne ? ») Oui, le tétinophile, à force, refoule du goulot. C'est bien la peine de faire des enfants magnifiques pour avoir l'impression de vivre avec des sanitaires bouchés…

Mais… bon.

– Si l'on vous dit : « La tétine est un bouche-trou qui soulage avant tout les parents, lorsque le bébé pleure ! »

Répondez qu'il vaut parfois mieux coller une totoche, tototte, susuce à un bébé plutôt que de la traumatiser en lui hurlant : « Si j'avais su j'aurais jamais arrêté la pilule !!!!! » Chose qu'on ne pense pas vraiment. Enfin pas tout le temps…

– Si l'on vous dit : « La tétine est un nid à microbes. »

Rappelez qu'elle est stérilisable, et qu'en plus, il sera possible, lorsque l'enfant se sentira prêt, d'organiser une cérémonie officielle où il jettera sa fidèle tototte à la poubelle (à l'occasion de son passage en maths sup, par exemple).

Un pouce, lui, ne se jette pas à la poubelle. Ou alors il faut jeter l'enfant avec. Ce qui n'est pas responsable.

– Si l'on vous dit « Oui mais... »

Expliquez qu'une étude américaine (et cette fois-ci, c'est pour de vrai), a révélé que la tétine protégeait le bébé de la mort subite du nourrisson. On aurait remarqué en effet une baisse de 92 % de MSN chez les enfants « à tétine ». Dégagement des voies respiratoires, atténuation des reflux gastro-œsophagiens responsables d'apnées, augmentation de la pulsion respiratoire, on ne connaît pas trop les causes. Toujours est-il que cet argument de choc mettra efficacement (j'ai essayé) fin au débat. Et que vous pourrez passer à table.

Quatrième partie

MAIS QUI EST CETTE FEMME ? VOUS ?

Vous voici donc Mère. Et, comme une femme trop amoureuse, voici que vous vous oubliez. Vous êtes la Maman oiseau, en pleine disette, qui donne la becquée à ses petits, alors qu'elle meurt de faim.

Vous êtes cette mère fauchée qui garde son vieux manteau, afin que les enfants puissent porter « de la marque ».

Vous êtes même la mère de cet homme assassin, prête à se dénoncer pour sauver son enfant.

Je me souviens de mon dégoût de petite fille, lorsque je voyais une maman manger le bout de pain tout mâchouillé de son bébé. Aujourd'hui, je le fais. Et c'est d'ailleurs les seules fois où je parviens à avoir le croûton…

De même, moi que l'on disait « délicate » (tendance précieuse), j'essuie désormais les petits nez morveux de mes garçons avec les doigts, lorsque je n'ai pas de mouchoir sous la main.

C'est à ces petits détails que l'on reconnaît une Maman.

On reconnaît aussi la Maman à ses pensées bizarres, et ceci dès la maternité. Elle l'a enfin son cadeau ! 3,5 kilos de tendresse. 50 cm d'amour pur. Elle a vécu cette révélation incroyable, ce moment stupéfiant où le bébé est sorti d'elle. Elle s'est découverte animale.

Et puis, de drôles d'idées lui sont venues à l'esprit. Quelle responsabilité sur ses épaules d'un seul coup ! Avait-elle le droit de faire venir ce petit bout de chou dans ce monde si violent ?

C'est vrai qu'IL dépend tellement d'elle. Et si elle Le laissait tomber ? Et si, par inadvertance, elle L'étouffait ? Et si elle ne supportait pas de L'entendre pleurer ?

Baby blues, pensées morbides, lucidité ? Elle ne se reconnaît plus. Et la voici qui culpabilise : suis-je folle d'avoir de telles idées ? Petit à petit, heureusement, elle « s'y fait ».

Et elle découvre un quotidien plus prosaïque :

Finis les petits soins du visage, les longs bains et les manucures impeccables.

Finies les nuits de 10 heures, elle qu'on appelait autrefois « le loir », « le lézard », « la dormeuse »…

Finies les virées dans les magasins, les petites robes, les dernières tendances. Finis les régimes « frigo et placards vides ». Nutella il y a, Nutella elle mangera…

Ajoutez à cela que personne ne fait plus attention à elle !

Elle qu'on a choyée, dorlotée, surveillée, durant toute sa grossesse, voici qu'on la lâche complètement. Et cela ne fait que commencer : durant les vingt prochaines années, son enfant va complètement lui piquer la vedette.

À la boucherie, on ne s'adresse plus à elle :

« Et qu'est-ce qu'il veut ce beau bébé ? »

« Il voudrait du pâté en croûte, d'la Montbéliard et deux côtelettes. C'est pour ses parents. »

Pour les commerçants, pour la directrice de la crèche, pour les parents d'élèves, elle va devenir « la Maman de… ».

Avant, elle existait. Puis elle a fait un enfant.

J'en parle en connaissance de cause. A la pharmacie, on enregistre mes commandes sous le nom de mes fils. Et pour les copains de mon petit dernier, je suis « Madame Noé ». ça rend humble.

Mes enfants bichent à donf', évidemment. Innocence, mon œil !

Et que je te fais, dès 3 mois, de grands sourires édentés. Et que je t'ouvre des billes comme des ballons de football.

« Oh, les jolis yeux bleus ! »

Et tout de suite : « C'est à ton Papa ces jolis yeux bleus ? »

Paf, prends ça dans les dents, la noiraude ! Je suis très brune, du genre à commencer à s'épiler à 12 ans, et mes fils sont plus blonds qu'un baiser (comme disait Aragon). Si bien que, quelquefois, je me demande s'ils sont de moi…

Cela ne m'empêche pas, comme toutes les mamans, de sombrer dans le sentimentalisme ! Ne me dites pas le contraire. N'avez-vous pas gardé le petit bracelet d'identification de votre bébé ?

Pour ma part, j'ai aussi mis de côté leur première chemise, leur première tétine, leurs premières petites chaussures, leur premier billet de train, leur première brosse à dents, leur première dent de lait, leur premier dessin, et le premier cadeau de fête des mères de mon aîné (un dinosaure en pâte à sel verni au rouge à ongles Chanel). Tout cela est gardé précieusement, dans deux boîtes appelées, judicieusement je sais, les « boîtes à première fois ». Leur premier « maman », leur premier « papa », leur premier caca dans le pot (que Chéri a refusé de photographier), leur première soirée sans nous, la première bouderie qui en a découlé, je les garde dans une autre petite boîte. Une boîte noire, que je cache à gauche, derrière l'aorte. Je sais que vous avez la même…

Pourquoi la première chemise ?

Un jour, mes fils auront peut-être :

– des boutons plein la figure (qu'ils ne me laisseront pas percer) ;

– des cheveux gominés à la truelle ;

– des semelles anti-odeur glissées dans leurs baskets taille 43.

Oui, un jour, mes adorables bébés ne seront plus que des petites boules d'acné et de mauvaise foi. Et lorsqu'ils me diront, de leur voix toute muante « M'en fous comme de ma première chemise », je pourrais leur répondre « Eh bien, la v'là, ta première chemise. Et maintenant débrouille-toi ! »

Quand je pense qu'après 36 mois, on ne peut plus leur mettre de body… Y a plus de petites pressions et ils ont froid au ventre ! Monsieur Petit Bateau, faites-nous des bodies taille 16 ans, s'il vous plaît !

Oui, nous sommes des mamans sentimentales.

Oui, nous avons toujours une photo de nos enfants, une tétine, une couche dans notre sac à main.

Oui, nous continuons de nous lever la nuit pour voir comme ils sont beaux nos enfants, et comme ils respirent bien.

Oui, nous les enregistrons, filmons, photographions.

Oui, nous sommes incapables de déchirer des photos d'eux. Même quand elles sont floues. Même quand elles sont moches. De toute façon, nos enfants ne sont jamais moches.

Oui, de maman sentimentale, nous deviendrons certainement un jour des mamans un peu lourdes. Voire des mères exclusives. Voire des « reums super chiantes » quand ils auront 15 ans, « Et tu me parles sur un autre ton, s'il te plaît ! »

Nous, les célibattantes égoïstes, nous voici devenues des sommes d'abnégation. Nous, les éternelles débordées, nous voici jongleuses d'horaire.

Nous les grandes nonchalantes, nous voici stakhanovistes de la double journée.

Heureusement, il nous reste malgré tout un peu d'énergie et de temps, pour nous informer, nous divertir, nous cultiv… zzzzzzzzzzzzzzz zzzzzzzzzzzzzzzzz zzzzzzzzzzzzzz

CHAPITRE 1

Tout corps plongé dans une baignoire provoque un appel du berceau

Il n'y a pas de femmes laides, il n'y a que des femmes paresseuses.

Estée Lauder

On a tendance à l'oublier, mais les mamans ont une âme.

Une âme et un esprit. Un esprit qu'elles ont parfois envie d'enrichir autrement qu'en regardant *Tibère et la maison bleue*. Même si c'est formidable, *Tibère et la maison bleue*.

Et puis, les mamans ont un corps. Un corps qu'elles ont parfois envie de muscler. Non, je plaisante. Un corps qu'elles ont parfois envie d'hydrater avec des crèmes qui font mincir. Parce que les mamans apprécient les vertus du deux en un...

S'oindre, un impossible rêve pour les mères que nous sommes.

Je me trouvais dernièrement entre les mains d'une esthéticienne (parce que les mamans ont parfois du poil superflu) lorsque ladite esthéticienne me fit remarquer que j'avais les hanches sèches. Les « hanches sèches », c'est difficile à dire. C'est difficile à vivre aussi.

Je tiens à préciser que je ne me fais pas épiler les hanches, les dégâts ne vont pas jusque-là. Il se trouve simplement que dans la position où je me trouvais, j'avais la hanche apparente. Et sèche donc.

« Ce n'est pourtant pas compliqué de se masser avec une bonne crème, chaque jour, après le bain » me dit gentiment Vénus Beauté.

20 ans, la gamine…

J'avais envie de lui répondre : « Tu verras quand tu auras des mômes, ma Chérie, si tu as le temps de prendre un bain tous les jours… »

Et je l'imaginais plongée dans une eau mousseuse, entourée de bougies parfumées, lisant l'*Argus de la Cire Jetable*, tout en écoutant son disque préféré. Oui je l'imaginais et durant quelques secondes, je la détestais…

À toutes les esthéticiennes de 20 ans, donc, je me dis que nous pourrions passer ce message :

« Mes cocottes, projetez-vous un jour de grève des transports. Votre réveil n'a pas sonné, l'esthéticienne en chef a déjà appelé trois fois pour vous houspiller (une esthéticienne, surtout en chef, n'engueule pas, elle houspille), et vous n'avez plus de blush. La sensation que vous vivez à cet instant, cette transpiration sous les aisselles pourtant fraîchement Narta-nisées, cet énervement, ce stress, c'est ce qu'une mère de famille subit tous les jours de l'année. Alors, nos hanches sèches, la prochaine fois, vous nous les hydratez discrètement et vous gardez vos commentaires !

Cela dit, il ne faut pas noircir le tableau. Nous prenons des bains. La seule chose, c'est que nous ne nous faisons pas *couler* de bain. Nous finissons les bains de nos enfants.

Oui, même lorsque nous les soupçonnons d'avoir fait pipi dedans. Que celle qui n'a jamais fait cela me jette le premier gant de toilette...

Nous nous trempons par conséquent « en vitesse » pendant que notre fils aîné nous hurle depuis sa chambre :

« MAMAN AL'MARCHE PLUS LA VOITURE, Y FAUT CHANGER LES PILES ! »

Pendant qu'Henri Dès entonne une énième fois sur la chaîne dans le salon :

« Aujourd'hui on a tous le téléphone, le téléphone qui sonne, qui sonne... »

Pendant que notre portable sonne effectivement parce que les gens n'ont toujours pas compris qu'il y a des heures où on n'est PAS disponible (à savoir entre 7 heures et 22 heures).

Et pendant que le petit dernier, tendrement surnommé Iron Maiden, hurle son angoisse du soir.

Il est des bains, comme ça, que l'on a, étrangement, un peu scrupule à faire durer...

Ce serait bien si, une fois dans l'année par exemple, on avait le droit de se lâcher. Pour la journée de la femme, par exemple. Ah, cette merveilleuse journée de la femme ! Ma fête préférée, juste après Mardi Gras...

Une fois par an, donc, nous pourrions suggérer à nos petits :

« Et si tu faisais ton puzzle tout seul, mon Chéri ? Parce que, je vais être honnête avec toi, j'ai autant envie de reconstituer une énième fois la silhouette hydrocéphale de Dora l'Exploratrice que de me faire arracher une dent. »

« Et si tu allais à ton cours de tennis à pied, mon ange ? Tu arrives, même pas la peine de t'échauffer ! Mais non, 15 kilomètres, ce n'est pas trop long. T'as 7 ans ou t'as pas 7 ans ? »

« Ta couche est sale, mon cœur ? Cela déborde ? Non. Y'a pas péril en la demeure. »

Oh oui ! Une fois dans l'année, se transformer en mère indigne...

Sans pour autant les traumatiser bien sûr. Cela dit, ça les ennuie de nous traumatiser, eux ? Non.

Exemple de traumatisme maternel.

Je demandais, il y a quelque temps, à mon fils aîné :

« Dis donc, Chéri, au fait, qui est la plus belle du monde ? » Une question on ne peut plus banale, une question quasi oratoire, dont la réponse, vous l'avez deviné (vous !) venait d'elle-même : « La plus belle, c'est Toi, Ma Maman que j'aime. »

Au lieu de cela, mon fils me répond : « Mathalie. »

Mathalie, enfin Nathalie, c'est notre nounou. Elle n'est pas mal, certes, mais il ne faut rien exagérer.

J'essayais une autre approche :

« Et c'est qui, qui fait le mieux à manger ? »

« Mathalie ! »

« Et c'est qui, qu'est la plus intelligente ? »

« Mathalie ! »

Même pas vrai !

« Mathalie, c'est une Princesse » me dit mon futur déshérité de fils.

« Et moi, je suis quoi ? »

« Toi maman, tu es un bébé Puma ! »

Freud, Dolto et les autres, où est-elle, dans votre œuvre, la page sur les bébés Pumas ?

Nathalie, la plus belle !

À quoi ça sert de faire des enfants si c'est pour se faire piquer sa royale couronne par la première nounou venue ? Autant posséder un miroir magique, il y a moins d'investissement affectif...

– Miroir, mon beau miroir, dis-moi qui est la plus belle du XIe arrondissement ?

– C'est-à-dire, maîtresse, que tu n'as plus trop le temps de t'occuper de toi en ce moment... cela dit, tu as de beaux restes !

C'est pourtant vrai que je – que nous – manquons de temps. Prenons les ongles par exemple. Je ne sais pas en ce qui vous concerne, mais moi, lorsque j'étais « jeune fille », je possédais des ongles merveilleux, des ongles pelle à tarte à faire pâlir d'envie Gail Devers en chair et en corne.

Et il te reste combien à perdre ?

Qu'elle soit prononcée par votre belle-sœur, cette quasi anorexique que vous surnommez secrètement « le pruneau », par votre voisine qui ferait bien de se regarder, ou par Chéri, la bouche pleine de chocolat aux noisettes, cette petite phrase vous comble d'aise.
Ne vous découragez pas. Vous avez déjà bien maigri en accouchant. Citez-moi un régime où l'on peut perdre autant en moins de 24 heures, vous ne trouverez pas. La papaye et l'ananas peuvent aller se rhabiller.
Et puis, il y a les thalassos. Il est vrai que l'ambiance n'y est pas des plus jeunes. La preuve : il n'y a jamais de cours d'aquagym à l'heure des Chiffres et des Lettres... Mais comment résister à l'enveloppement d'algues ? C'est visqueux, c'est chaud, ça vous donne l'impression d'être un moucheron dans une bouse. Et puis, c'est efficace ! A-t-on jamais vu un moucheron obèse ?

Aujourd'hui, je ne sais toujours pas vous, mais moi, je n'ai plus le temps de me faire les ongles. Ni même de me les couper. Si je m'écoutais, je me forcerais à les ronger, histoire de gagner du temps.

Vous pensez que j'exagère ? Qu'on a bien le temps de se faire des ongles de sirène, une fois que les enfants sont couchés ? Affirmer cela, c'est ne pas tenir compte de la fameuse loi de l'ongulation : tout ongle plongé dans un vernis subit un appel du fond du lit.

« Maman ! Je veux un gros câlin ! »

Vous savez faire un gros câlin sans les mains, vous ?

Vous essayez, vous y croyez, et hop, au moment de partir, vous effleurez le pyjama en éponge bouclette et tout est à recommencer.

Bon, admettons. Admettons que vous ayez tenu la demi-heure nécessaire pour faire sécher votre délicate « laque couture purple lovely ». Votre enfant a bien appelé, mais il s'est trompé, il a dit « Papa » (ou en tout cas c'est ce que vous avez réussi à faire croire à Chéri). Vous avez donc des ongles merveilleux, à faire mourir de jalousie une candidate de télé-réalité.

Eh bien, sachez que vous ne trouverez jamais le temps de l'enlever ce vernis.

Il va se ternir.

Se fendiller.

S'écailler.

Et bientôt vous ressemblerez à une vieille junkie, accro à l'acétone.

Pendant ce temps, votre nounou continuera de crâner, avec sa french-manucure toute fraîche, payée en monnaie d'heures sup'.

Un conseil (peu charitable, certes, mais bon) : dites-lui que la petite a un érythème sur les fesses. Hé ! Comment vous allez lui pourrir à l'éosine, son « duo anti-choc calcium et vitamines » !

Passons maintenant à l'histoire (très banale) de Christine.

Christine a des jumeaux.

Tous les matins, son homme part travailler à 6 h 30. Facile, pour lui...

Une fois le père nourricier parti, Christine, qui ne travaille pas vraiment, elle, mais s'épanouit professionnellement juste sur le dos de la société :

– prépare les petits (deux, je vous le rappelle),

– range un peu,

– descend les (deux) nacelles,

– sort la poussette (double),

– arrive à la crèche,

– enfile les sur-chaussures de Schtroumph, parce que c'est plus hygiénique (alors qu'à ce moment de la matinée, ce qui serait vraiment hygiénique, c'est que Christine ait l'occasion de reprendre une douche),

– court jusqu'au métro,

– se maquille sur la ligne 1,

– change de chaussures et de T-shirt en arrivant au bureau,

– sourit à ses supérieurs !

Un petit côté Desperate Housewives, la journée de Christine, non ?

Une histoire en tout cas peu crédible, limite abracadabrantesque...

Chacun sait que les mamans ont bien le temps de se préparer le matin et de conduire (fraîches, pimpantes et mascarisées de frais) leurs enfants à la crèche, à l'école, ou... au bureau lorsqu'il y a grève dans le secteur public.

En tout cas, c'est ce que je me dis lorsque je vois les autres Mamans qui saluent (voire qui embrassent !) Chéri.

Ah, ces Mamans qui lui étirent des « Bonjououour » plus lascifs qu'un ours polaire sur sa banquise lorsque j'ai le malheur de l'accompagner, jusque dans la classe de maternelle moyenne section de notre fils adoré...

Ces femmes n'ont-elles donc pas d'aisselles ?

Possèdent-elles un démaquillant pour les yeux surpuissant, qui leur évite, le jeudi matin, d'avoir encore un peu de rimmel du lundi (parce que le lundi, je le vaux encore bien) ?

Vivent-elles avec un coiffeur pour qu'on ne devine pas de quel côté elles dorment la nuit ?

La plupart du temps, ces femmes, il faut bien le remarquer, sont des primipares. Elles n'ont qu'un enfant.

Un enfant sans aucun doute parfait.

Un enfant très bien élevé.

Un enfant qui :

– Se brosse les dents, le matin, dans la joie et la bonne humeur tandis qu'elles appliquent leur rouge à lèvres (au pinceau !) sans avoir besoin de hurler « OK, c'est bon, je vais te le faire !!!!!! »

– N'a pas de reflux gastriques (que même si, miraculeusement, la tâche elle part, l'odeur elle reste).

– Ne leur déforme pas le décolleté en essayant de plonger dedans, Œdipe oblige.

– Leur laisse porter des boucles d'oreilles sans leur arracher le lobe.

Un enfant pas tout à fait enfant, quoi !

Ou peut-être ces femmes (et je pencherais plutôt pour cette solution) sont-elles, en fait, des sortes d'extraterrestres femelles, venues humilier les multipares-multifonctions-multifatigues que nous sommes, moi, Christine, et deux ou trois autres mères normales que je connais.

Des mères d'ailleurs, à qui je crie :

Ne vous inquiétez pas, les filles. Nos têtes de zombie, nos vêtements tachés, notre manque de coquetterie, nous rendent profondément humaines. Et l'humanité n'est-elle pas le fondement même de… heu, l'humanité ?

« Ce qu'il me faudrait, me disait Christine alors que nous comparions nos cernes, c'est une nounou à domicile, une sorte de tornade blanche qui, après le départ de la troupe, rangerait le rimmel resté sur le micro-ondes, le "bibi" qui a roulé sous la table... Moi, j'emmènerais les jumeaux à la crèche, en m'offusquant que certaines mères soient en jogging. »

Je lui faisais remarquer que j'avais moi-même une nounou à la maison (la fameuse Princesse Mathalie) et que cela ne m'empêchait nullement de partir travailler avec du feutre sur le jean (et un peu sur la joue) parce que j'avais osé rester cinq minutes dans la classe avec mon fils et qu'il avait eu envie, apparemment, de commencer la journée sur le doux thème du body-art.

Même les nounous Princesses ne peuvent pas tout pallier.

Et pourtant, la mienne me sauve souvent la mise.

– Mais Gaëlle, qu'est-ce que vous avez, c'est bizarre ce que vous avez, là. Mais c'est quoi, hein ? C'est quoi ce que vous avez sur les fesses ?

Car ma nounou ne parle pas, elle mitraille...

– Sur les fesses ? Je ne sais pas, moi. De la cellulite ?

Mais non, c'était une sorte de tache blanche. Et soudain, je me souviens qu'il y avait, hier, quelques crottes de pigeon sur le bord du bac à sable... Je n'ai pas le temps de dire ouf que ma Nounou se met à me frotter les fesses avec l'éponge à vaisselle. Je me hâte alors de partir avant qu'il lui prenne l'idée d'aller chercher le Mytosil...

N'empêche, cela me fait du bien d'être parfois maternée par la nounou de mes enfants (est-ce d'ailleurs pour cela que je dis toujours *ma* nounou ?). Quel zèle, quelle discrétion ! Car moi, ce n'est pas mon rimmel que j'oublie sur le micro-ondes, mais ma sonde de rééducation périnéale que j'ai consciencieusement nettoyée (vive l'éponge à vaisselle), mais que j'ai omis de ranger.

Le problème avec les nounous à domicile, c'est que, à part chez Laetitia et Johnny Hallyday, elles ne restent pas la nuit.

Elles arrivent donc pimpantes le matin, en affirmant contre toute attente qu'elles sont un peu fatiguées parce qu'elles ont fait la bringue… jusqu'à minuit du soir !

Vous, vous avez aussi reçu des copains jusqu'à minuit du soir. On est mère, on n'en est pas moins sociable (enfin y paraît).

Mais en plus vous avez chanté dodo l'enfant do de 4 heures à 5 heures du matin parce que le petit a une otite séreuse, qui lui donne l'impression d'habiter dans une grotte. Et ça l'énerve. Et comme vous êtes tout pour lui, cet énervement, il veut le partager avec vous.

Et le lendemain, en plus de la fiente de pigeon sur le jean, vous avez des cernes de panda sous les yeux.

Parce que dormir, pour une mère, c'est comme s'oindre. Mais oui, souvenez-vous : un impossible rêve !

Et ce sera le titre du prochain chapitre...

Le burn-out des super mamans !

Ne pas dormir, travailler, faire des enfants, remplir le frigo, se cultiver, rester mince, porter des strings, faire des cakes pour la kermesse de l'école, cuisiner bio… Tel est aujourd'hui notre devoir de Femme.

Un devoir qui nous conduit tout droit au burn-out.

Le burn-out est un phénomène d'épuisement, qui se caractérise chez la mère débordée par une voix haut perchée, un trépignement passager, une mayonnaise ratée…

Au Japon, le burn-out a pour nom Karoshi. Un mot exotique, un bon moyen d'accrocher l'attention de votre mari :

– Chéri, je suis au bord du Karoshi.

– Quelle bonne idée, ma Chérie ! J'adore la cuisine asiatique !

CHAPITRE 2

Dormir, cet impossible rêve...

Ce que tu regardes en riant, que tu prends pour des parachutes,
ce sont mes paupières mon enfant, c'est dur d'être un adulte.
Allez, on joue franc jeu, on met cartes sur table,
si tu t'endors je t'achète un portable,
un troupeau de poneys, un bâton de dynamite,
j'ajoute un kangourou si tu t'endors tout de suite.

La berceuse. Bénabar

On observe un fantasme récurrent chez beaucoup de jeunes mères, un désir profond, quasi inavouable. Ce délire, sans nul doute libéré par une forte dose d'hormones, ce délire c'est :

DORMIR !

Alors, évidemment, dès qu'on parle de jeune mère et de manque de sommeil, on pense aux premiers mois, lorsque le bébé, ce pauvre innocent, ne distingue pas le jour de la nuit.

C'est vrai que c'est dur, mais comme le conseillent tous les livres de puériculture, il suffit de dormir soi-même dès que le nourrisson ferme les yeux.

Il dort ? Hop, moi aussi !

Facile…

Et puis épanouissant socialement parlant…

Heureusement, après ça s'arrange ! Après, en effet, comme dit votre entourage : l'enfant « fait ses nuits » (sous-entendu : « Il fait ses nuits, arrête de te plaindre »…).

Un enfant qui « fait ses nuits » est un enfant qui ne vous réveille plus parce qu'il a faim. En revanche, il vous réveille parce qu'il a :

– une otite ;
– un cauchemar ;
– une gastro ;
– une terreur nocturne ;
– une angoisse de séparation ;
– envie de regarder la télé ;
– fait pipi au lit ;
– un loup en dessous de l'armoire ;
– perdu la tétine ;
– perdu le doudou ;
– des douleurs de croissance ;
– un chagrin d'amour ;
– deux heures de retard (on avait dit permission de minuit !).

Bref, avec un peu de chance, vous ne retrouvez le goût des vraies bonnes nuits que lorsque votre petit approche de ses… 30 ans.

Et encore est-il capable de vous appeler à deux heures du matin : « Maman, je suis tout seul avec le bébé, il a de la fièvre, qu'est-ce que je dois faire ? »

Faites des gosses !

Ma nuit dernière...

– Pourquoi tu ne dors pas mon Ange ?
– Parce que je pleuuure !
– Pourquoi tu pleures ?
– Parce que je suis kriiiiste !
– Pourquoi tu es triste ?
– Parce que j'ai du chagriiin !
– Bon, alors maintenant, t'arrêtes de me réciter le dictionnaire des synonymes, et tu dors !

Ce qui est bien, c'est de se dire que nous sommes toutes logées à la même enseigne. Gabrielle, Yasmina, Delphine, Sandrine, Gaëlle, toutes dans le même wagon…

Histoire de voir que c'est pareil, voire pire, chez les autres, je vous propose quelques études de cas, venues à mes oreilles :

– Gabrielle

Gabrielle était la Maman d'un petit garçon de 4 mois qui ne dormait pas la journée et réveillait ses parents une ou deux fois par nuit. Gabrielle, épuisée, s'étonnait de voir certaines animatrices et certaines actrices, jeunes mamans elles-mêmes, superbes, détendues, à la télévision ou dans les magazines. Les garces.

Bon, il est vrai qu'en son temps, Gabrielle avait troublé l'esprit et étranglé la vie de Johnny, hin-hin. Et qu'elle-même, il n'y pas si longtemps, confondait le jour et la nuit, hin-hin. Par conséquent, il était assez juste qu'elle soit un petit peu punie[1].

1. Là, si vous ne connaissez pas par cœur le répertoire de Johnny Hallyday, vous êtes largué(e)...

Néanmoins, je décidais de rassurer Gabrielle, lui expliquant qu'il ne fallait pas prendre pour argent comptant tout ce qu'on voyait à la télé.

Combien de temps une animatrice parle-t-elle sur une heure d'antenne, hein ? Pas bézef bézef…

Ajoutez à cela le temps où elles font semblant de s'intéresser à ce que répondent leurs invités (elles sont obligées, les réalisateurs, taquins, s'amusent parfois à faire des plans dits « d'écoute »).

Bon, ça leur fait quoi ? 20 minutes à la louche. 20 minutes de dynamisme sur une semaine, ou même sur une journée si l'émission est quotidienne, c'est très raisonnable.

Le reste du temps, j'expliquais à Gabrielle que les stars faisaient la tronche. Ou que même si elles ne faisaient pas la tronche, elles avaient si mauvaise mine qu'on pensait qu'elles faisaient la tronche. Ce qui, entre nous, est kif kif bourricot.

– Mais, leur teint de pêche alors ? s'étonnait Gab'.

– Ne sais-tu pas, Gabrielle, que les maquilleuses de plateaux suivent une formation de peintre en bâtiment ? Tes stars, là, elles ne sont pas maquillées, elles sont Ripolinées ! Elles sont donc aussi moches (voire plus) que nous au lever…

À ce propos, j'ai un truc pour les jours où notre miroir, notre beau miroir décide de jouer à « l'heure de vérité » : vous allez acheter l'un de ces magazines éminemment culturels, qui proposent régulièrement quelques jolis portraits de « stars sans maquillage ». Ce n'est pas très glorieux comme démarche. Mais Dieu que ça fait du bien de ne pas reconnaître Angelina (pas si) Jolie, quand elle a mal dormi (et encore, je crois que c'est Brad qui se lève la nuit) !

– Karine

Karine se disait spécialiste du sommeil, ou plutôt du non-sommeil. Maman de trois petites filles, respectivement âgées de 5 ans, 20 mois et 8 mois (Karine était collectionneuse), elle ne savait même plus ce que grasse mat' signifiait. Grassmat ? Un produit lipo-réducteur ? (Avec Grassmat, je mate ma graisse !)

Donc Karine avait considérablement revu à la baisse ses rendez-vous avec Morphée. Mais elle avait une méthode pour tenir !

Laquelle ? lui demandais-je.

Du yoga ?

Des petites soupes qui faisaient rire ?

Un amant ?

...

Non, la méthode de Karine, c'était d'attendre que ses filles aient 18 ans.

J'opposais au farouche optimisme de Karine que dans 18 ans :

– au mieux, elle ne dormirait pas parce que ses filles sortiraient le soir avec des garçons qui ressembleraient assez peu à tout ce qu'elle avait imaginé de la part de polytechniciens ;

– au pire, elle ne dormirait pas parce que, l'âge venant, son périnée la conduirait à se lever plusieurs fois dans la nuit.

Car, comme l'écrivait si justement le grand philosophe auvergnat Lao Tseu (prononcer Lao Tcheu) :

« Quand c'est plus les gosses qui nous fâchent, c'est le corps qui nous lâche. »

– Aïda

Non seulement Aïda était une fameuse joueuse de trompette, mais aussi une sacrée petite maligne[1]. Avant la naissance de son petit Karim, son mari et elle étaient tous deux techniciens bénévoles chez Épéda. C'est d'ailleurs cela qui les avait réunis. Une liaison fatale entre une couleuvre et un

1. Là, si vous ne connaissez pas par cœur le répertoire de Johnny Hallyday, vous êtes largué(e)...

aï (plus connu sous le nom de paresseux). La couleuvre au bois dormant, et l'aï au lit… À quoi ça tient l'amour quand même !

Nos deux tourtereaux avaient mis en place un système de faction : une nuit, Aïda gardait le petit loin de la chambre (pendant que Papa gisait), la nuit suivante, c'était le contraire.

Une sorte de garde partagée…

J'appliquais aussitôt la méthode pour le week-end : le samedi, je prenais les enfants pour faire le marché, le dimanche, Chéri les prenait pour sa partie de squash… Pour des raisons de sécurité, j'ai vite abandonné…

-Stéphanie

Stéphanie, qui se surnommait elle-même Stéphanie-qui-n'en-peut-plus, était l'heureuse Maman d'un petit Axel hurlant.

À 30 ans (« Je suis moi-même encore une enfant » affirmait Stéphanie), elle découvrait les dures réalités d'élever son bébé loin de sa famille.

Tant que son époux était à ses côtés, elle avait su gérer ce petit bout tout rouge et tout crispé, qui depuis trois mois modulait du matin au matin sur des rythmiques heavy metal…

Mais, lorsque le papa reprit le travail, elle se retrouva fort dépourvue devant celui qu'elle surnommait Mon-fils-cet-unique-objet-de-hurlement (Stéphanie étant, vous l'aurez remarqué, assez créative en matière de diminutifs).

Et, tous les jours, sa mère l'appelait pour lui parler de sténose du pylore et de mort subite du nourrisson, toutes pathologies rassurantes pour une jeune mère.

« Au secours, Maman-tu-es-à-la-retraite-mais-tu-es-active, viens m'aider à m'occuper de mon fils ! Je ne dors plus ! » hurlait Stéphanie à la face du combiné téléphonique.

Malheureusement, sa maman avait déjà à charge un être inadapté : le fameux Papy-qui-sait-pas-s'faire-à-manger-tout-seul.

Stéphanie cherchait donc une maman de substitution pour la soulager, une maman qui ait toutes les qualités d'une maman, en plus abordable, une maman générique en quelque sorte (comme les médicaments).

Personnellement, j'avouais à Stéphanie que je ne pouvais jouer ce rôle. J'avais déjà mes propres enfants. Ce qui me valut un nouveau surnom : Gaëlle-qu'est-désolée-de-ne-pas-en-faire-plus.

Y'en a pour qui ça va !

Il y a quelque temps, je rencontrais une amie, accompagnée de son adorable fillette de 2 mois, et de son fils aîné, de 3 ans. Elle était, je suis bien obligée de le reconnaître, su-per-be !
Comme je n'ai point de jalousie, je la complimente sur sa forme. Elle m'explique alors que sa petite a fait ses nuits à trois jours, que son grand est adorable, bref, que tout baigne. Et elle ajoute :
« Mais tu es adorable de me faire des compliments, parce que, là, je suis crevée : je suis sortie tous les soirs de la semaine ! »

NB : Pour des raisons de sécurité, cette amie ne m'a pas autorisée à révéler son prénom, ni celui de ses enfants. Des mamans ayant été lynchées par d'autres mamans pour bien moins que cela…

Heureusement, il y a des trucs ! Enfin, des livres qui donnent des trucs…

Tous les ouvrages de puériculture nous l'affirment : pour coucher un enfant, il faut prendre le temps, instaurer un petit rituel, etc.

Ce à quoi nous répondons toutes en chœur :

« MAIS VOUS CROYEZ QU'ON NE LE FAIT PAS !!!!! »

Pour autant, ça ne marche pas. Enfin, pas toujours. Alors j'ai cherché.

Première solution.

Vous le regardez droit dans les yeux, et vous lui expliquez, en insistant sur les mots clés :

« Bon, mon p'tit, Maman elle a besoin de dormir. Toi, tu fais ce que tu veux, mais tu le fais en silence. Je te fais confiance, je sais que si tu te réveilles cette nuit, tu sauras te rendormir tout seul. Demain matin, tout sera comme ce soir parce que tout va bien. Alors arrête de nous… Fais dodo. »

Cela marche. Enfin, en ce qui concerne mon petit Noé, cela a marché. Deux nuits au moins.

Deuxième solution : la méthode du 5/10/15.

J'explique :

Il pleure, vous allez le voir, vous le LAISSEZ dans le lit, vous le rassurez : « Tout va bien nien nien nien. Et laisse-moi parler s'il te plaît ! » Puis vous allez manger votre hors-d'œuvre.

Il pleure toujours.

Au bout de 5 minutes, vous y retournez. Rebelote.

Il pleure encore.

Vous laissez passer 10 minutes. Entamez le plat de résistance. Et mâchez lentement.

Il continue de pleurer.

Allez-y. Puis laissez-le tout un quart d'heure.

Voilà. Normalement, tout devrait devenir calme sans que vous ayez à vous resservir de dessert.

Certes, ça fait un peu dressage canin, mais ça fonctionne. En plus, cela vous oblige à manger posément, ce qui est bon pour la santé.

Troisième solution : les gadgets.

Dans *Bébé trucs,* un grand classique de chez Marabout, l'auteur, Christina Pellé-Douel, nous propose, au chapitre « sommeil » de placer à côté du lit du bébé un métronome ou un gros réveil. Le bruit régulier devrait facilement l'endormir. Le bruit de l'aspirateur aurait également un effet radical sur l'endormissement des nourrissons (mais pas sur celui des voisins). Christina propose encore d'envelopper le rasoir électrique du papa dans une taie d'oreiller et de le poser hors de portée (évidemment !) du bébé. La vibration et le ronronnement l'aident paraît-il à trouver le sommeil. J'ai essayé cela également, mais ça n'a pas du tout fonctionné. Peut-être parce que Chéri n'utilise que des rasoirs mécaniques...

Le bruit de l'eau, toujours selon notre amie Christina, enregistré sur une cassette, peut également calmer le très jeune bébé, cela lui rappellerait sa vie intra-utérine. Encore faut-il, selon moi, prévoir un change dans la nuit. Parce qu'entendre pspsi pspsi pspsi dix heures durant, cela peut faire exploser une couche !

Dans *Se faire obéir sans crier,* toujours chez Marabout (M. le directeur de chez Marabout, merci pour les fleurs), les auteurs Barbara Unelle et Jerry Wyckoff ne prônent pas l'usage du rasoir électrique, mais celui du minuteur. Cela concerne ici les enfants un peu plus grands, au moment de la difficile heure du coucher :

On règle le minuteur sur une heure. Pendant cette heure, l'enfant doit effectuer toutes les tâches du « pré-couchage » : enfilage de pyjama, lavage de dents, etc. Avec ce qu'il reste de temps, il peut jouer. Mais quand le minuteur sonne, il DOIT se coucher.

« Et c'est pas nous qu'on l'a dit, mon ange, c'est la machine... »

Cela aussi, j'ai testé. Le problème, c'est que, pendant le temps qui restait, mon fils a joué avec le minuteur, et nous l'a détraqué. Conséquence : on ne peut plus faire le coup du minuteur. Et on ne peut plus faire d'œufs à la coque non plus...

Je suis donc revenue, pour ma part, à la bonne vieille comptine *Fais dodo,* une fois avec les paroles, une fois avec des hum-hum, une fois avec des bisous. Chanter *Fais dodo* en bisous est d'ailleurs devenu l'une de mes spécialités.

Ce qui m'a inquiétée à une époque, c'est qu'une très sérieuse étude britannique affirmait que les comptines recélaient dix fois plus de violence que les émissions de télé.

Cela ne peut concerner que les comptines anglaises, parce que j'ai beau chercher, même Bruno Bettelheim aurait du mal à trouver un appel au crime dans *Fais Dodo, Colas, mon p'tit frère,* non ?

Variante réaliste, à tendance féministe, de *Colas mon p'tit frère*

Fais Dodo, Colas mon p'tit frère
Fais Dodo, t'auras un vélo
Papa est en haut, qui boit l'apéro
Maman est en bas, qui a tout le tracas
Fais Dodo, Colas mon p'tit frère
Fais Dodo, t'auras une Nintendo

CHAPITRE 3

Chapitre politiquement (et financièrement) incorrect

Combien ?????

Les couches

Des gens payés pour cela ont calculé un jour que, de la naissance à ses 3 ans, votre enfant aurait besoin de 7 couches par jour en moyenne, les gastro-entérites et poussées dentaires étant apparemment prises en compte.

Ce qui nous fait 7 665 couches sur trois ans.
Soit : 307 paquets.
Soit, si l'on prend comme base un paquet à 15 euros : 4 605 euros.
Soit : une semaine Bien-être et Ayurveda, toute seule, à Bali.
…
Sans commentaire.

Alors, marre des couches ? Encore une fois, les guides sont là pour nous sauver.

Ne cherchez pas le chapitre « Popo dans le pot », les auteurs manquant singulièrement de fantaisie, ils lui préfèrent l'expression « Apprentissage de la propreté ».

C'est ainsi que j'ai, pour ma part, découvert la méthode Brazelton.

Comment apprend-on à faire caca « à la Brazelton » ?

Vous prenez votre enfant avec vous dans les toilettes, et vous vous asseyez vous-même sur la cuvette, histoire de lui montrer que c'est une position naturelle.

Il est vrai que cela, nous le faisons toutes assez spontanément, dans la mesure où il est impossible, lorsqu'on a de jeunes enfants, d'aller tranquillement se reposer au « petit coin ».

Ensuite, vous installez votre enfant sur son pot, mais… sans lui ôter la couche. Il découvrira assez vite la désagréable sensation de fraîcheur sur ses petites fesses, nous dit M. Brazelton.

Inutile de lui révéler, pendant que nous y sommes, qu'il existe des WC au fond du jardin, des toilettes à la turque dans certains cafés et des sanizettes dans les grandes villes. On n'est pas là pour le traumatiser.

Vous poursuivez cette initiation plusieurs jours (plusieurs mois ?) tout en lui expliquant que bientôt, ce sera génial parce qu'il sera assez grand pour aller tout seul sur le pot… et conduire une voiture, et gagner plein d'argent pour faire des cadeaux à Maman.

Ah oui ! Ne pas oublier au bout de quelque temps de lui retirer la couche. On a beau être Brazeltonien, on n'en est pas moins pragmatique.

À celles qui s'étonneraient de ne pas me voir parler ici des couches lavables, je dirais une chose : je l'ai fait EX-PRÈS.

Non, je n'ai pas envie de racler les couches de mon fils au-dessus des toilettes. Non, je n'ai pas envie de mettre de côté ces langes malodorants, ou de les faire tremper dans une cuvette en plastique (dans ma belle salle de bains design !) en attendant d'en avoir assez pour lancer le lave-linge sur le programme bouillage.

Et d'abord, trop de lessives, ça pollue la planète.

Et non, je n'irai pas au lavoir.

En revanche, si on trouve une solution pour recycler le truc qui entoure le popo de mon loulou, je suis prête à garder mes Pampers dans un sac (en coton bio !) sur un coin de mon balcon (qui de toute façon est déjà très sale), et à faire des virées régulières jusqu'au container « spécial couches » mis à ma disposition par ma bien-aimée municipalité.

Il était une fois un beau prince qui s'appellait... Brazelton !

Les petits pots

Je reviens de mon Monoprix (M. Monoprix, merci à vous aussi pour les fleurs) :

– Un petit pot de légumes coûte entre 0,95 et 2,38 euros (c'est bio, c'est bio, c'est bio-coup trop cher !).

– La compote en pots de verre (super pour la peinture à l'eau) est à 4,69 euros le kilo.

Celle en pots de plastique (très pratique pour les pâtés de sable) est à 3,23 euros.

Et celle en gourde (que les enfants adorent, et pourtant on ne peut rien en faire) coûte plus de 6 euros le kilo !!!!!!

Un kilo et demi de légumes, mélangé à un demi-litre d'eau donne 16 pots de 130 grammes, que vous pouvez congeler.

Vous avez vu les expériences que je suis prête à faire pour vous plaire !

Le problème, c'est que mes enfants détestent ma purée de légumes verts...

À céder : Particulier donne lot de 15 pots de légumes verts
(+ un à peine entamé).
Contacter les Éditions Leduc.s, qui transmettront.

Les vêtements

Évidemment, vous pouvez utiliser les vêtements qu'on vous a prêtés. Cela vous rend service et ça débarrasse les armoires de vos copines. Le problème étant ensuite de savoir qui vous avait prêté quoi...

J'ai moi-même porté les sous-pulls en acrylique orange et les pantalons en tergal marron de ma ribambelle de grands frères et cousins, et je n'en suis pas morte. J'ai juste eu un peu de mal à me définir une identité sexuelle, c'est tout…

Cela dit, vous avez vu les titites chochoses (à devenir gagas) qu'ils vendent dans les boutiques de fringues pour enfants ! À quoi ça sert de faire des enfants, si on ne peut pas jouer à la poupée avec eux !

Même s'il y a prépondérance de rose et de froufrous, on trouve des vêtements pour garçons absolument a-do-rables. J'émettrai, cela dit, une restriction : je trouve un tantinet révoltant de payer pour que mes garçons arborent la marque de leurs vêtements en lettres énormes sur le torse et dans le dos, tels de petits hommes sandwich (M. Gap, vous pouvez garder vos fleurs, finalement).

Dernièrement, les marques un peu hype de prêt-à-porter pour adultes se sont mises à proposer aux fashion-addicts que nous sommes de petites tenues « comme Papa, comme Maman », destinées aux enfants.

Toi aussi, offre-toi ton « mini-moi » !

Comptoir des Cotonniers, Princesse Tam-tam, Isabelle Marant, Loft vous proposent ainsi de cloner votre garde-robe, en plus petit.

Après le Monoprix, je suis donc passée chez Comptoir des Cotonniers (c'est à côté).

Pour une robe taille 38, vous avez exactement la même en 3 ans. Trop mi-gnon ! La robe de Maman fait 140 euros, celle de fifille 70…

Pour ce qui est de la petite blouse imprimée, on garde le même ordre d'idées : 70 euros chez les grandes, 45 euros chez les petites…

Vous voulez que je vous dise ? On dénote une réelle inflation du prix au centimètre carré chez les moins de 10 ans !

CHAPITRE 4

T'as pas vu le doudou ?

– Dis M'an, qui c'est qui me l'a offert, mon doudou, déjà ?
– On ne dit pas « qui c'est qui ». Et bon, c'était Véronique.
– Véronique ? Comme la nouvelle femme de Papa ?
– Oui, comme elle…
– Et dis, M'an, qui c'est qui lui a crevé les yeux, à mon doudou, déjà ?

Maintenant que vous êtes une jeune mère, « Tu n'as pas vu le doudou ? » est devenue la phrase que vous prononcez le plus souvent, juste derrière « Booon, je vais le changer, il a fait caca. »

On a coutume de dire que c'est Donald Winnicott qui a inventé le doudou.

Même si, en réalité, il ne l'a pas vraiment inventé. En fait, il lui a juste donné ses titres de noblesse. C'est comme l'autre Donald : il n'a pas créé le hamburger, il l'a révélé.

Winnicott n'appelait pas cela un « doudou » mais un « objet transitionnel ». C'est pareil. C'est juste plus long à dire.

C'est vrai, « T'as pas vu l'objet transitionnel ? » peut devenir une phrase fastidieuse à prononcer, surtout en fin de journée.

D'ailleurs, à ce qu'on raconte, même Winnicott n'employait pas l'expression dans sa totalité. Il disait plutôt : « T'as pas vu le trantran ? »

Doudou ou trantran, toujours est-il que l'objet est pour l'enfant la première possession de « Non Moi ». « Non Moi » mais aussi « Non ma Mère ». C'est donc grâce au doudou que votre enfant devrait commencer, tout doucement, à vous lâcher.

À 25 ans, c'est pas dommage !

Même si, à 25 ans, le « doudou » s'appelle « gonzesse », « copine », ou « fiancée »…

Même si nous essayons de les (et de nous) persuader du contraire : dans la vie, ce sont les enfants qui décident.

Oui, en ce qui concerne le doudou AUSSI.

Les gens ignorent cela. Du coup, quand un enfant voit le jour, se joue dans son entourage un vrai challenge affectif : c'est à celui qui offrira the doudou, le doudou for ever.

Ce qui fait que vous vous retrouvez croulant sous une tonne de peluches, nounours et poupées de chiffons en tout genre, alors que ce dont vous auriez vraiment besoin, vous, c'est d'un écoute-bébé (celui à 15 milliards de dollars).

Mais ce n'est pas tout, vous remarquerez, ensuite, que les gens viennent régulièrement vérifier si leur doudou est bien placé dans la course.

Pour la naissance de mon fils aîné, par exemple, mon père avait offert un petit chien tout doux. Petit chien tout doux que je plaçais au bout du berceau. Évidemment, on ne met pas tous ces acariens sous le nez d'un nouveau-né. Chaque fois que je quittais la pièce, le doudou (avec ses p'tites papattes de doudou) remontait vers le visage de mon bébé.

Magique !

Non, ce n'est pas nous qui choisissons le doudou de nos enfants…

Cela dit, on peut ne pas leur en donner certains…

Il ne manquerait plus que mon fils joue avec un doudou offert par l'ex de Chéri, ça va bien, non ?

On peut aussi s'arranger pour que le doudou sente comme Maman, en le glissant dans sa chemise de nuit, durant, allez, toute une semaine…

Il y en a qui font ça, mais ce n'est pas bien. Et puis, ça ne fonctionne pas toujours (ça a marché avec mon grand, mais pas avec le deuxième).

Non seulement, nous sommes capables de passer des heures à chercher le doudou (et à enrôler du monde pour chercher avec nous), mais nous sommes capables de tout pour le retrouver en cas de perte.

Allez faire un tour sur les sites de perte de doudous (il y en a pléthore), et vous verrez que vraiment, vraiment, ça ne bosse pas beaucoup dans les bureaux…

Nous, adulte responsable, se mettre dans cet état alors qu'on lui avait bien dit, au gamin, DE NE PAS APPORTER SON DOUDOU AU SQUARE !

Je ne suis Maman, pour ma part, que depuis 5 ans, je suis une bleue pour ainsi dire, mais j'ai déjà vécu deux pertes de doudous.

Oui, deux.

Je sais, je sais…

Merci de votre sollicitude.

Je me propose ici de vous raconter ces deux tristes événements. Certaines scènes pouvant choquer, je vous demanderai d'éloigner les âmes sensibles.

La perte d'Antoinette

Antoinette est le doudou de mon fils aîné, Milan.

En fait, jusqu'à il y a très peu de temps, Antoinette était un garçon, et s'appelait Antoine. Un beau jour, nous avons appris qu'elle (il ?) avait changé de sexe. Merci aux psys qui me liront de ne pas me dire ce qu'ils en pensent…

À l'époque où Antoinette avait encore tous ses attributs mâles, mon fils avait décidé de l'amener chez sa pédiatre. Il y avait vaccin ce jour-là, et je ne trouvais pas le courage, lâche que je suis, de l'en empêcher.

De retour de chez le docteur, la réalité s'ouvrit à nous dans toute son horreur : nous avions perdu le doudou. Comme dans la fameuse chanson de Dave, nous refîmes le chemin à l'envers, mais pas de doudou.

Nous interrogeâmes la pédiatre (« Tu vas parler oui ? ») qui perdait son temps à soigner un autre enfant, mais pas de doudou.

Mon fils, assez persuadé qu'on lui avait volé son doudou chéri, et moi, assez convaincue qu'une personne délicate avait jeté cet immondice à la poubelle, passâmes une très mauvaise soirée.

Et c'est là que j'abandonne le passé simple.

Nous avons donc fabriqué des avis de recherche, que nous avons placardés dans tout le quartier : « Perdu doudou, grande valeur sentimentale, etc. »

Eh bien, croyez-moi si vous voulez, mais cela a engendré une grande chaîne de solidarité. Pendant des semaines, les commerçants, les voisins, le SDF du bas de la rue, nous ont demandé des nouvelles du doudou. Et Chéri, qui a fait l'école du rire (noir), répondait : « Non, vous savez dans ces cas-là, si on n'a pas de nouvelles dans les 24 heures, c'est fichu. »

Nous n'avons jamais retrouvé feu Antoine Ier. Il a donc fallu introniser un autre Antoine « doudou officiel » (heureusement, ma Maman en avait acheté trois de rechange, au cas où…).

Madame Tôtue

C'était un premier janvier, lors d'une tempête de sable dans le désert africain, nous venions de désensabler notre 4 x 4, et là, le drame : nous nous apercevions de la disparition de Madame Tôtue, le grand amour pelucheux de notre fils cadet.

Une histoire bien triste encore…

Triste mais chic.

Parce qu'il est comme ça mon second : quand il fait un truc, il le fait avec classe. Quand il vide un berlingot de lessive, il le vide mais… dans les yeux. Quand il jette un livre dans le bain, il choisit une édition très rare.

75 cm au garrot, mais 75 cm de snobisme, déjà.

Bref, Madame Tôtue ne risquant d'être retrouvée que par des archéologues du XXIIe siècle qui en déduiront que (contrairement à certains dires) les enfants de touaregs possédaient des objets transitionnels, nous avons cherché une nouvelle Madame Tôtue, une fois revenus en France.

Je me suis rendue sur tous les sites :

Au secours Doudou, Sos Amitié Doudou, Des Doudous et des Hommes…

Pas moyen de retrouver la même tortue.

Il y avait plein de tortues mais pas celle-là. Elles étaient toutes moches. Et toutes très réalistes. Non parce que je ne veux pas vexer nos amis tortunophiles (qui sont nombreux) mais, une tortue, en vrai, ça appelle assez peu le câlin.

J'ai fini par trouver dans le commerce une tortue semblable, de la même matière, de la même taille, et surtout avec la même « tiquette » que la Tôtue d'origine.

Nous avons réuni le conseil de famille et expliqué à notre fils (de 18 mois) qu'il ne reverrait jamais, mais alors ja-mais sa tortue.

Qu'elle était partie loin, au paradis des tortues.

Mais que nous lui avions trouvé une lointaine cousine, etc., etc.

6 mois plus tard, mon fils n'avait plus aucun problème de doudou.

Il était en effet très attaché… à son Barbapapa.

CHAPITRE 5

Culture ? Vous avez dit Culture ?

Échange collection complète des films de Bergman contre tous les épisodes de Petit Ours Brun.

Vous vous souvenez de cette publicité où Alice Sapritch, pour vanter les mérites d'un décapant pour four, déclarait en gros plan :

« Avant j'étais belle. »

Eh bien désormais, vous êtes un peu l'Alice Sapritch de l'érudition.

Essayez !

Déclarez au cours d'une soirée : « Avant, j'étais cultivée », et vous serez étonnée de voir tous les convives s'esclaffer…

Non seulement vous n'avez plus le temps d'alimenter votre disque dur personnel, mais les données qui y étaient inscrites commencent à s'effacer. Vous ne me croyez pas ? Si vous saviez comment je viens d'orthographier le verbe « s'esclaffer » avant que mon correcteur d'orthographe ne s'occupe de mon cas.

Il est vrai que, désormais, je connais tout un tas de choses que je ne soupçonnais pas sur les bancs de l'université. Par exemple, je sais ce que colostrum veut dire, je sais orthographier aménorrhée du premier coup, et non seulement je connais les noms des 7 nains, mais aussi ceux des 4 Télétubbies, et des 9 Barbapapas…

Avoir des enfants, cela ne rend pas plus bête, loin de là. C'est juste que cela provoque une sorte de glissement de terrain culturel.

Évidemment, je ne vais plus au cinéma. La dernière fois, c'était pour voir Vice-Versa, et mon fils m'a fait sortir parce que c'était trop long. Déjà, je n'avais pu voir que la première demi-heure des Minions, sous prétexte que la dame, elle faisait trop peuuuur. De là à dire que ma vie culturelle n'est que frustration, il n'y a qu'un pas.

Dernièrement, j'ai émis le désir d'aller voir Snoopy :

« Mais oui, Maman, on ira… » m'a promis mon garçon.

J'ai hâte.

Pour ce qui est du théâtre, nous avons la chance d'avoir un ersatz de Guignol, qui vient se produire régulièrement près de chez nous. 6 euros, pour les enfants comme pour les adultes, afin d'aller passer une heure sur des bancs inconfortables, à regarder des marionnettes défoncées, dans une mise en scène involontairement ubuesque, sur des dialogues « caca-boudinesques » que même un participant d'émission de télé-réalité n'oserait pas signer. Le tout entourée d'enfants à qui quelqu'un a fait croire que le but du jeu était de passer le mur du son.

Évidemment, il est encore possible de sortir sans les enfants.

Ainsi, l'autre jour, avec Chéri et des amis, nous sommes allés au res-tau-rant ! On avait même l'intention d'aller en discothèque ensuite. Sauf Claire et Étienne, qui devaient raccompagner la baby-sitter avant minuit.

Vous avez remarqué ? Ce qui paraissait assez banal aux couples nullipares que nous étions autrefois ressemble maintenant à un événement intersidéral. La rencontre avec une tomate-mozza préparée par quelqu'un d'autre est devenue, pour nous, aussi rare qu'une visite de la comète de Halley.

Allez, la comète, allez…

Excusez-moi, je suis fatiguée.

Bref, l'autre jour, au restaurant, nous étions plusieurs couples, avec les mêmes schémas familiaux.

Nous avons tous fait notre premier enfant à peu près au même moment. À savoir juste au moment où nos parents commençaient à franchement s'inquiéter sur leur devenir de pépé et mémé.

Nous avons tous eu notre deuxième assez rapidement, horloge biologique oblige, et puis une fois qu'on est lancé…

Nous avons tous voulu porter plainte contre X en même temps parce que nous estimions que personne ne nous avait prévenus que ce serait aussi difficile.

Bref, nous avions tous le même profil.

Et nous avions décidé, ce soir-là, de ne pas parler des enfants.

À 8 euros l'heure de baby-sitting, plus le prix du taxi, plus le prix du repas, en effet, on se dit que c'est bien d'optimiser la soirée.

Une fois que nous avons fait le tour de la politique, de l'environnement, et de tout ce que nous n'avions pas vu au cinéma, pas vu au théâtre et pas eu le temps de lire (mais qu'on aurait aimé !), nous avons fini par tomber sur l'éducation.

Mais comme on ne voulait pas parler de nos enfants, on a entamé une conversation surréaliste sur les vertus éducatives des parents dans les dessins animés.

Eh bien vous savez quoi ? Autant les parents de la Tortue Franklin sont sévères-mais-justes, autant ceux de Petit Ours

Brun, mais surtout de Trotro, sont complètement permissifs ! On n'applaudit pas quand son fils arrive en retard à table parce qu'il s'est déguisé en petit clown avec le rouge à lèvres de Maman !

Nous ne sommes pas sortis en boîte, finalement. Il faut dire qu'il était déjà 23 heures 30 quand nous avons quitté le restaurant !!!

Faire des enfants rend adulte ? Non, vraiment, il faut cesser de véhiculer cette rumeur.

Est-elle bien adulte, la façon dont nous parlons aux bébés ? Et cela dès qu'ils naissent, les pauvres…

La plupart d'entre nous, en effet, répètent systématiquement toutes leurs phrases. Cela donne :

« Il va mettre la couche mon boubou, hein, il va mettre la couche ? »

Ou le non moins affligeant :

« C'est n'a qui ces grosses cuisses ? C'est n'a qui ? ».

Et encore nous arrive-t-il, parfois, de parler de « coucouche » et « kikisses ».

Déplorable…

Il en est que cela agace.

Chéri par exemple…

Je ne sais pas si je vous ai déjà parlé de Chéri…

Chéri, c'est le père de mes garçons (un type qui n'a que des chromosomes XY à opposer à mes XX, mais qui est gentil quand même). Il a décrété qu'il fallait parler normalement aux enfants. Sobriété, virilité, éducation, telles sont les trois mamelles du langage, pour le géniteur de mes fils…

N'empêche que je l'ai déjà entendu babebibobu-tiser avec eux. Et plus d'une fois !

Il y a quelque chose d'étonnant également, lorsque nous nous adressons à nos tout-petits, phénomène que vous avez peut-être remarqué : notre tonalité s'envole dans les aigus.

Je me souviens notamment d'une femme, croisée au cours d'une soirée. Elle avait une voix excessivement grave, voire autoritaire, lorsqu'elle parlait à son mari. En revanche, quand elle s'adressait à son bébé de 4 mois, elle se transformait en soprano hystérique.

« Ouîîîî, mon keuuur, Mâââman est lââââ !!!! »

Acoustiquement douloureux…

« Je ne fais pas comme ça, dis ? » avais-je demandé à Chéri.

Quelle surprise lorsqu'il m'a répondu que je faisais exactement la même chose.

« Moi !? »

C'est là qu'il m'a avoué que j'avais deux tons très particuliers : l'un pour parler à mes bébés, l'autre pour parler à ma mère. J'espère, pour l'équilibre mental de ma Maman à moi, que ce n'est pas le même.

En ce qui concerne mes fils, je me suis renseignée, cela n'aura sur eux aucune incidence psychologique. Au contraire !

Ce n'est pas moi qui l'affirme, c'est Peter Jusczyk (43 points au Scrabble !), psychologue à l'université John Hopkins (21 points, bof), là-bas, aux Amériques :

« Le ton haut perché et un peu chantant que les parents adoptent quand ils parlent à leur bébé est utile et aide leur enfant à apprendre le langage. »

Et toc !

Peter ajoute que ce ton babillant est davantage utilisé par les Américains que par les Européens ou les Asiatiques.

Quand on sait qu'Amérique rime avec… Culturique, nous voici rassurés.

Hum.

De toute façon, on n'a jamais vu un grand garçon de 20 ans parler de ses coucouches et de ses kikisses.

Si ?

Épilogue

Avec 1,99 enfants par femme, le taux de fécondité des familles françaises s'inscrit au-dessus de la moyenne européenne (1,55,) mais également à la première place devant l'Irlande et la Suède.

INSEE, 2013.

811 510 bébés sont nés en France en 2013. Certes, c'est un peu moins que les années précédentes, mais bien plus que dans les années 1990. Alors continuons de faire des enfants, et des frères et sœurs à nos enfants ! Bon, allez, au moins un...

Quel bonheur lorsque vous donnez le biberon au petit deuxième, pendant que le pas si grand réclame son pot en urgence…

Quelle rigolade lorsque l'aîné vous demande :
« À bras Maman, je serai krés sage », alors que vous avez déjà sa petite sœur sur la hanche…
Quelle joie d'expliquer à un enfant de 3 ans que vous n'avez que deux bras ! Et une seule colonne vertébrale.

Dès que votre second bébé voit le jour, les phrases de votre aîné commencent par « moi aussi ». « Moi aussi » devient dans la grammaire de votre enfant une conjonction de coordination plus employée que le « et ».

Dès que votre second bébé voit le jour, vous devenez une spécialiste du coinçage de biberon dans le cou, ou du blocage au sein. Nourrir un enfant tout en aidant l'autre à remonter sa culotte, à terminer son puzzle, à chercher son doudou, n'est pas si compliqué finalement…

Puis viennent les moments crampons : la crise des 8 mois du petit, l'angoisse de séparation du plus grand…

Et vous voici affligée de deux lests à chaque jambe.

La maternité repousse les limites physiques ! Le problème, c'est que, les deux petits n'ayant pas le même poids, vous vous retrouvez avec une cuisse plus forte que l'autre. Mais qui s'intéresse encore à vos cuisses, hein ?

Heureusement, comme vous le disent les guides, que vous achetez par camions, il ne s'agit jamais que de « crises passagères ». Et, pour détendre l'atmosphère, ils vous précisent incidemment que les enfants ne traversent « que sept crises passagères ».

Vous voici donc dans la peau de Blanche-Neige et ses *que* sept crises.

1ère crise : c'est la naissance.

Il a besoin de vous… et vous le fait savoir.

2e crise : il a 6 mois et il est mécontent.

Il a les dents qui poussent, ou vous commencez à le sevrer, ou y'a rien de bien à la télé… Comptez sur lui pour trouver une raison.

3e crise : il a 8 mois. C'est la crise dite « de séparation ».

Il se rend compte que vous n'êtes pas la même personne que lui. C'est dommage, juste au moment où il avait réussi à vous persuader du contraire…

4e crise : il a un an.
Un an, l'âge du « nan ! ».

5e crise : il a 2 ans. C'est la phase des caprices, la suite de l'opposition.
Dès que vous le contrariez, il se cambre, se roule par terre, hurle. En public de préférence. Parfois, quelqu'un vient gentiment vous conseiller un exorciste.

6e crise : il a trois ans. Il commence à transgresser les interdits.
Ah bon ? Il vous semble qu'il avait déjà commencé depuis un petit moment…

7e crise : il a 4 ans. C'est l'Œdipe !
Si c'est un garçon, vous voici devenue reine. S'il s'agit d'une fille, vous êtes vilaine sorcière. Soit il vous colle, soit elle vous tape. Dans les deux cas, c'est pénible…

Puis, vous voilà tranquille jusqu'à l'adolescence.
Pardon.
Pardon, puis vous voilà tranquille jusqu'à la préadolescence…
Encore faut-il qu'il n'y ait ni divorce, ni déménagement, ni refus de jouets, ou tout autre élément traumatisant entretemps.

Et pourtant, NOUS FAISONS DES ENFANTS.
Par conséquent :
– Soit les Françaises sont profondément masochistes.
– Soit ce n'est pas si mal que cela, les enfants…

Et c'est cette dernière phrase que j'aimerais (finalement) que vous reteniez de ce livre.
Eh oui !

Combien pèsent-ils, les déplaisirs minuscules énoncés tout au long de ces pages, à côté :

– des dimanches matins cocooning ;
– des adadas sur mon bidet ;
– des petites bêtes qui montent qui montent ;
– des baisers prouts ;
– des fous rires édentés ;
– et des « Encore, encore ! » ?

Que valent-elles, ces nuits blanches et paracétamolées, à côté de ces instants où vous sortez devant vos collègues (perclus d'admiration, ou en tout cas polis), la photo (les photos) de vos enfants.

1,9 enfants par Française ?

Allez chiche ! Pour dans dix ans, on on multiplie le chiffre par deux, par trois, par dix ! Non, je ne m'emballe pas…

We are the champions, or we are not ?